茂木健一郎

モギケンの音楽を聴くように英語を楽しもう!

朝日出版社

はじめに

なぜ、日本人は英語が苦手なのか

「これからのグローバル化時代、英語は不可欠」

「英語ができればもっと世界が広がるのに」

このように感じている人は少なくないでしょう。

日本人は中学から高校にかけて、少なくとも六年間は英語を習っているはずなのに、英語に苦労している人が多いように感じられます。

英語学習法の本が出ればせっせと買い、高い授業料を払って英会話教室に通っているのに、いっこうに英語が上達しません。そして、読んだり聴いたりすることはある程度できても、話したり書いたりして「英語で自分を表現する」のが苦手です。

しかし、ここで一度立ち止まって、考え直してみてはいかがでしょう。英語をマスターしたいという気持ちがあって真剣に取り組んでいるのに、それでも上達しないのだとすれば、**そもそも、その方法が間違っている可能性があります。**

多くの方がそうだと思いますが、僕も、英語は中学から始めました。主語が三人称の単数で現在形のときに動詞の後ろにｓがつく「三単現のｓ」とか、そういったところからのスタートです。

中学校で普通に英語を始めるまでは、ほとんど英語に触れたことはありませんでした。ビートルズに出会ったのも中学校一年のときにラジオで「ビートルズ大全集」を聴いてからでしたし、アメリカやイギリスの映画は見ていましたが、字幕でしたので、英語を英語として理解していませんでした。

小学生のときに英語塾に通っていたということもありませんでしたの

で、本当に中学デビューです。

それでも英語は最初から得意科目で、中学、高校、大学を通じ、学校の試験や入試でも英語は得意でした。そして大人になった今でも、日々英語の勉強を続けています。

この本では、「なぜ日本人は英語が苦手なのか」というその理由を探りながら、僕の専門分野である脳科学にもとづいた、いわば「脳の仕組みを活《い》かした英語学習法」についてお話できればと考えています。

なぜ日本人は英語が苦手なのかということですが、これはもちろん、日本人の脳が劣っているからでは決してありません。

日本人が英語を学習する環境や学校教育のカリキュラム、日本の文化そのもののあり方、ひいては日本人一人ひとりの生き方といったものが関係しているのだろうと推測されます。

そこをどう突破していくかということについて、僕自身の経験からお話していきたいと思います。

そして「音楽を聴くように英語を楽しむ」という、僕独自の英語との付き合い方や、僕がこれまでに実践してきた英語勉強法を具体的に伝えながら、脳科学的な視点から見た効果的な学習方法をご紹介していきたいと思います。

この本が、英語学習に悩む多くの日本人にとって、少しでも役に立ち、一人でも多くの読者が英語を好きになるきっかけとなってくれれば、筆者として嬉しく思います。

もくじ

はじめに　なぜ、日本人は英語が苦手なのか —— 3

第1章　好きな小説で、英語世界の扉を開けよう

1　脳をよろこばす、最上の英語上達法 —— 14
2　僕にとって、永遠に特別な作品 —— 16
3　「英語の感覚」を磨く、リーディング強化法 —— 脳の英語領域と日本語領域 —— 23
4　脳の中の「エピソード記憶」を増やす —— 28
5　「鶴の恩返し勉強法」で単語を覚える —— 複数の感覚モダリティを使う —— 31
6　三十秒の隙間学習でも効果はある！ —— 短期記憶と長期記憶 —— 36

7　読書体験で〝離陸〟する　39
8　「一夜漬け」の効果　46
9　一冊読み通すことが、自信につながる　48
＊僕がこれまで読んできた本　50
第2章　音楽を聴くように英語を楽しもう！
10　英語が読めても聞きとれない理由――0.1秒で脳の細胞が活性化する「アハ体験」　58
11　「多聴」は気分が良くなる素材を選ぶ　62
12　〝好きな音楽〟を選ぶ要領でいい　65
13　脳の性質を利用した、リスニング強化法――脳の回路を「聴く」ことに結びつける　68
14　サンデル教授の「ハーバード白熱教室」　70
15　映画やドラマの英語は、ニュースよりも難しい　74

16 百パーセント理解できなくてもよし、とする 77
17 インターネット上での素材の探し方 79
18 自分に合った教材は〝第六感〟で見つける 82
19 目に見える変化がなくても、あきらめない——カードが五枚そろうまで待つ 85

第3章 スピーキングのときに、脳の中で起こっていること

20 なぜ、会話だとパニックに陥ってしまう? 90
21 「たどたどしさの谷」を通ることを厭うな——脳をフロー状態にする 92
22 ホームステイ先で受けた〝洗礼〟 96
23 なぜ、日本人はコミュニケーションが下手なのか 100
24 まずはプールに飛び込むことが大事——「pretty good」と「very good」の失敗 102
25 会話を続けるのは、たき火に似ている 106

26 スピーキングのときに、脳で起こっていること 109
27 僕のおすすめのトイレ学習法 ―― 英語を音楽として聴き、修正する 112
28 英語で発想したほうが楽 116
29 英語自体を〝目的化〟してはいけない 120
30 英語をしゃべることを「大したこと」と考えない 122

第4章 英語でツイッターのすすめ

31 英語でツイッターのすすめ 128
32 英語で表現すると、〝風通し〟がよくなる 132
33 英語の〝言葉の美人〟になる 136
34 テニスのサーブと同じように、体で覚える 139
35 日本にいながら、「英語モード」にする 141

第5章　日本人は特殊だというマインドセットを捨てる

36　「日本人は特殊」というマインドセットを捨てる　148
37　何のために英語を勉強するのか　154
38　インパクトのある経験が、モチベーションを高める　157
39　英語で伝えるべき「何か」を持つ　159
40　僕の究極の野心　164
おわりに　英語を学ぶのに遅すぎることはない　169

第1章
好きな小説で、英語世界の扉を開けよう

CHAPTER 1
READING
1

脳をよろこばす、最上の英語上達法

「いろいろな勉強法を試してみたけれど、なかなか上達しない」「英語をやらなきゃと思っているけれど、何から手をつけたらいいかわからない……」

そんな人に僕がおすすめするのは、英会話やリスニングなどよりもまず、**ネイティブが「本気で書いた」英文を読むことから始める**ということです。

僕自身、英語力が上達したのは、高校生のときにモンゴメリの『赤毛のアン』シリーズを原書で読んだことと、イギリス文化について書かれた『Background to Britain』というテキストを読んだことがきっかけです。

『赤毛のアン』(Anne of Green Gables)はカナダの作家、ルーシー・モード・モンゴメリ(Lucy Maud Montgomery)の小説で、孤児の少女アンを老兄妹が引き取り、温かく育てていくという物語です。

一方の『Background to Britain』は高校一年生のとき、夏休みの課題として配布された英語のテキストです。イギリスの文化を愛情とユーモアを交えながら紹介したこの冊子は、とても簡潔な英語で書かれており、僕のイギリスに対する興味に最初の灯《あか》りを点じました。

これらの本を読んだときに、**それまで教科書などで読まされていた英語というのは、全部〝にせもの〟だった**と気がついたのです。そして初めて、僕は本当の意味で英語が面白いと思えるようになりました。

日本で使われている英語学習の教材は、例えて言うなら、まずい料理ばかり出てくるレストランみたいなものです。まずい物ばかり食べさせられていたら、英語が好きになれないのは当然です。

普通、英語を勉強するといったら、まずは英単語を覚えて、次に英文法をマスターする、といった感じだと思うのですが、僕はそのような勉強法には全く興味が持てませんでした。そこで、もちろん学校でやる英語の勉強はやっていましたが、とにかくたくさんの英文を読み続けるという自分なりの方法を採ったのです。

『赤毛のアン』を日本語で最初に読んだのは小学校五年生のときです。カナダのプリンス・エドワード島の美しい自然を舞台に繰り広げられる物語の一部が、教科書に載っていたのですが、何となく気になって、図書館で本を見つけて読み始めました。そうしたところ、たちまちアンの世界に夢中になってしまい、中学生のときに村岡花子さんの翻訳で、高校生になってからは、今度は原書でシリーズ全八巻を読破しました。

CHAPTER 1 READING 2

僕にとって、永遠に特別な作品

一九〇八年に発表されたこの小説の原題は、『グリーン・ゲイブルズのアン』(Anne of Green Gables)。グリーン・ゲイブルズとは「緑の切り妻《きづま》屋根」という意味で、主人公のアン・シャーリーが住むことになる家の名前です。

グリーン・ゲイブルズに住む兄マシューと妹マリラの老兄妹には子どもがなく、畑仕事の手伝いをする男の子を望んでいましたが、ちょっとした手違いから、孤児の少女アンを引き取ることになりました。

アンは空想好きで、「喜びの白い道」とか「輝く湖」「恋人の小道」といったように、自分が好きな場所にどんどん勝手に名前をつけていってしまう大変なロマンチスト。この自由奔放な主人公をはじめとして、作品に登場する人々は、まるで目の前にいるかのように生き生きとリアリティが感じられ、その意味で『赤毛のアン』は僕にとって初めての「生身の」西洋文化との出会いだったと言えるかもしれません。

アンの世界にすっかり魅了された僕は、カナダの観光局からプリンス・エドワード島の地図を取り寄せては、その世界にいる自分の姿を夢想したり、ファンクラブに入ったりして、実際にプリンス・エドワード島にも二度ほど旅行しました。

しかし最初は、高校生の英語力で『赤毛のアン』の原書を読むのはなかなか厳しく、読み始めたときはさっぱりわかりませんでした。出てくるのは見たことがない単語ばかりで、ストーリーにもついていけません。頭の中のボルトとナットがうまくはまらないような感覚がもどかしくて、すごく苦しかったことを覚えています。

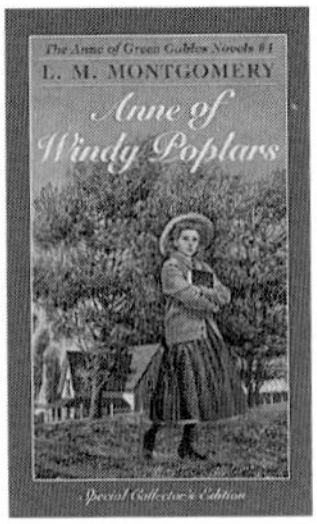

Anne of Windy Poplars

『アンの幸福』

アン22歳〜25歳。中学の校長となったアンと、医者を目指して勉強中のギルバートの婚約時代を描く。

4

5

Anne's House of Dreams

『アンの夢の家』

アン25歳〜27歳。アンは医師となったギルバートと結婚する。

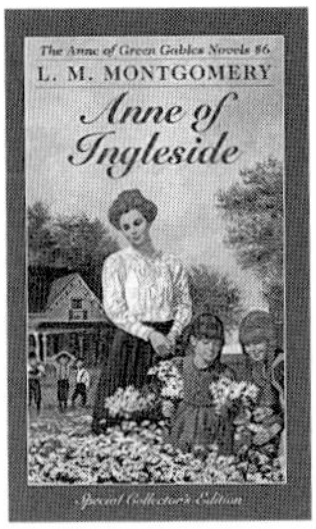

6

Anne of Ingleside

『炉辺荘のアン』

アン34歳〜40歳。アンは六人の子どもにめぐまれる。主人公はアンの子どもたちに移る。

7

Rainbow Valley

『虹の谷のアン』

アン41歳。アンの子どもたちを中心にした物語。

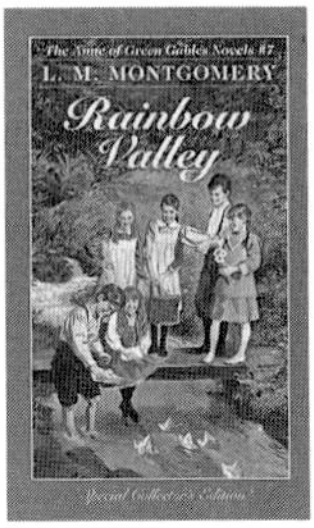

8

Rilla of Ingleside

『アンの娘リラ』

アン49歳〜53歳。アンの子どもたちの第一次大戦への出征と死を、末娘のリラの視点で描く。

僕が英語に目覚めるきっかけとなった『赤毛のアン』シリーズ

僕が英語に目覚めるきっかけとなった、永遠に特別な作品。

1

Anne of Green Gables
『赤毛のアン』
感受性豊かで空想好きな少女アンの11歳～16歳を描いたシリーズ第一作。

Anne of Avonlea
『アンの青春』
アン16歳～18歳。 アンは教職を得て、子どもたちを教えるようになる。

大人になり、アンの強烈な個性、自由奔放な輝きが薄れていくのは少しさびしかった…。

2

3

Anne of the Island
『アンの愛情』
アン18歳～22歳。一度はあきらめた大学への進学を果たすアン。長い間アンを想い続けてきたギルバートとようやく結ばれる。

二枚目のギルバートはそつがなく立派過ぎて、つまらない男に思えたが、実は結構いい奴!

それでも、**とにかく辞書を引かずに読み進めていきました。**そうすることで「英語の感覚」が身につくと直感的に感じていたからです。すると不思議なもので、我慢してシリーズを読んでいくうちに、何冊目かを読んでいるある時点からすっと楽になったのです。

それからは読むことが苦痛ではなく楽しみに変わり、『アンの娘リラ（Rilla of Ingleside）』までのシリーズ全八巻を読み終えることができました。つらい時期を乗り越えて、楽に理解できるようになった自分を発見できたことは、僕にとって大きな喜びでした。

このとき僕の脳の中でどんなことが起こっていたのかというと、**ドーパミンによる「強化学習」が行われていたのです。**

人間の脳の中では、できるかどうかわからないことに一生懸命になって取り組み、苦労の末、それを達成できたときに報酬としてドーパミンという物質が放出されます。脳にはさまざまな働きをする神経伝達物質がありますが、ドーパミンもその一つで、人間に「快感」や「快楽」をもたらすことで知られている脳内物質です。

ドーパミンによる「強化学習」

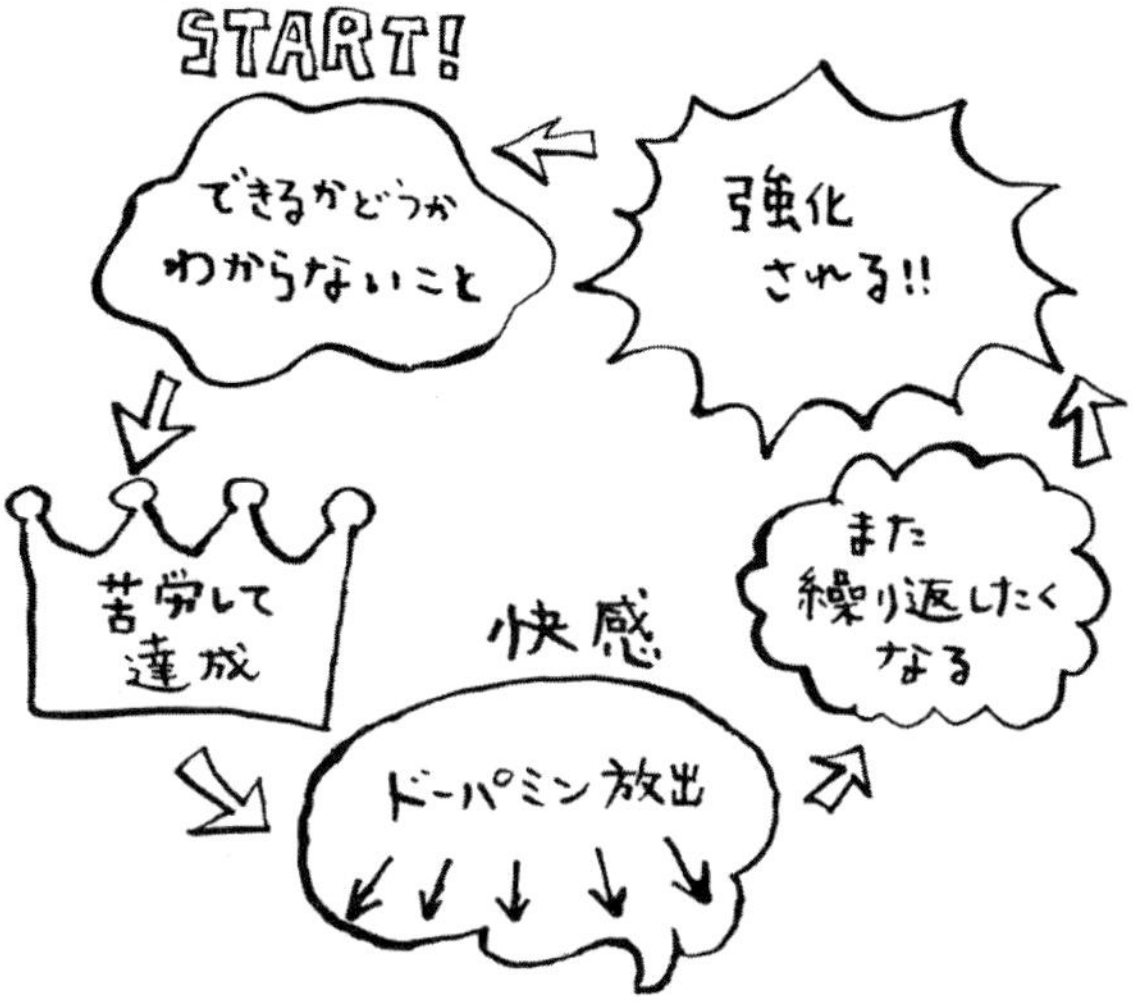

人間の脳の中では、できるかどうかわからないことにチャレンジして
達成したときにドーパミンが放出され、その行動が強化されて上達する。

そして、脳はドーパミンが放出されたときに、直前にどのような行動をとっていたかを克明に覚えていて、再び快感を得ようとその行動を再現し、繰り返したくなる性質を持っているのです。これを「強化学習」と言います。

こうして僕は『赤毛のアン』を原書で読んだ経験から、**自分が好きな本を、それが書かれた原語で読むことが、「最上の語学上達法」**ではないかと思うようになりました。というのも、「好きなもの」で、かつ読むのに「それなりに苦労する」ものだからこそ、脳は喜びを感じるからです。

それに僕としては、無味乾燥な文法書や不自然なやりとりが続く、つまらない教科書ではなく、『赤毛のアン』を通して英語の世界に接することができたことは本当に良かったと思っています。

このとき僕は、英語と恋に落ちた、そんな気がします。そして、脳の特性から考えても、あることが上達するには、それと恋に落ちなくてはいけません。なぜなら、人間の脳は「何かのために勉強する」というのでは、本気にならないからです。

それは、コンピューターのプログラマーでも同じです。例えば、マイクロソフトのビル・

ゲイツは、ハイスクール時代から自分でプログラムを書いており、プログラムを書くこと自体がとても好きだったそうです。そうでなければ、彼が現在の地位にたどり着くことはできなかったでしょう。

TOEICや英検などの資格試験のためとか、入試のためというのでは、英語を勉強してもある程度で止まってしまい、それ以上は伸びません。本当に英語力をつけるためには、やはり英語と恋に落ちなければだめなのです。

CHAPTER 1 READING 3

「英語の感覚」を磨く、リーディング強化法
――脳の英語領域と日本語領域

僕のリーディング強化法について、もう少し具体的にお話しましょう。

初めて『赤毛のアン』を原書で読んだときは、辞書を引かずにただひたすら読み進めていったわけですが、そのときの僕が本の内容を百パーセント理解して読んでいた

のかというと、全然そんなことはありませんでした。

英語の理解度としては、三〇パーセントくらいだったと思います。それでも効果はありました。ときどき何かキラッと光るような英語の表現を見つけることができて、それが自分の中に宝石のように残るのです。この体験さえあれば、最初から全部わかる必要はありません。

英文を読みながら、この表現は言葉として成り立つが、この表現は成り立たないというように、それらの違いを見分けることで「英語の感覚」が身につく。僕は直感的にそう思っていました。

ですから、英語の小説を読むときも日本語に翻訳しようと思って読むのではなく、「英語を英語として読む」ことを心がけました。そして、単語の意味や文法がわからなくても、そのまま辞書を引かずに読み続けたのです。

これはある意味でかなり忍耐のいることですが、こうして「英語の感覚」を磨く学習を続けることで、僕のリーディング力は飛躍的にアップしました。

「翻訳する」ということを多くの人が二重の意味で誤解していると感じます。

一つ目の誤解は、翻訳することが英語を理解するのに必要不可欠と考えられていることです。しかし、そうではありません。英語を日本語を介さずに理解して、話したり、書いたり、読んだりできないと、実践でのスピードにはついていけません。

もう一つの誤解は、**翻訳は実はとてもむずかしい作業で、英語学習者が気楽にできることではない**ということです。

きちんと翻訳するためには、作家と同じセンスが必要で、英米文学研究者で翻訳家の柴田元幸《しばたもとゆき》さんのような、英語と日本語の両方に関する高度な知識と能力がないとできません。こうした理由から、翻訳を英語学習に付随するものとしてとらえるのは、僕はナンセンスだと思っています。

確かに、学校の試験や受験では英文和訳のテスト問題があるので、その限りにおいては意味があることでしょう。しかし、大人になって試験や受験がなくなれば英文和訳は必要ないわけです。

日本人はどうしても、「英語ができる」ことは「訳せる」ことだと思いがちです。歴史的に見ても、例えば中国の漢文文化を受け入れたときも、「翻訳して理解する」

ということをやってきたわけですが、そのやり方はグローバル化した今の時代にはそぐわないのではないかと思います。

実は、辞書を引かないで——つまり、英語を日本語に置き換えずに——英文を一気に読むことは、脳科学的にも理にかなった学習法と言えます。

なぜなら、**幼児期に習得した母国語と、成長してから身につけた外国語とでは、脳内で処理している領域が異なっている**からです。

これはどういうことかと言うと、僕もそうですが中学から英語を始めた人は、脳内に「英語領域」と「日本語領域」の両方が、それぞれ別々の部位に存在しています。したがって、辞書を引きながら英文を読むと、その英語領域と日本語領域の間を意識が行ったり来たりすることになり、脳がその文章を処理するのに時間がかかってしまい、効率的ではありません。

こうした理由からも、英文を読むときはなるべく日本語は介さずに、英語の世界に浸りきるほうがいいのです。

脳内の「日本語領域」と「英語領域」

辞書を引きながら英文を読むと、脳の中の英語領域と日本語領域の間を行ったり来たりするので時間がかかる。

CHAPTER 1
READING
4

脳の中の「エピソード記憶」を増やす

大事なことは、原書を読むときに内容がわからなくても気にしないことです。最初からきまじめに一つひとつの意味を理解しようと思うと、すぐに行き詰まってしまい、英語を読むこと自体が嫌になってしまいます。

母国語である日本語を覚えたときを考えてみてもわかるように、子どものころ、両親の会話を聞いてその内容が全部わかったわけではありません。

人間は言葉の意味を完全に理解しながら言語を習得していくわけではありません。最初は意味もわからないまま、ひたすら聞き流していく中で、少しずつ覚えていくものです。

実は、そのように自然に蓄積してきた知識の方が、**いわゆる〝お勉強〟として単語や文法を覚えたりするよりも、応用範囲は広い**と言えます。

例えば、日本語の「干《ほ》す」と「乾《かわ》かす」をどのように使い分けているかを考えてみてください。布団は普通「干す」ですが、おねしょして濡れてしまったときは「乾かす」と言います。千円札をズボンのポケットに入れたまま洗濯機にかけてしまい、濡れてしまったときも「乾かす」です。

このように、ある単語をどのような場面でどう使い分けるかというのは、**無数のエピソード記憶（＝自分の経験や出来事に関する記憶）の蓄積によって自然に学んでいくもの**です。

日本の英語教育は、こうした「エピソード記憶」の蓄積よりも、文法の知識によって単語や前置詞の使い分けを教え込もうとする傾向がありますが、実際の会話では、例えば「will か be going to のどちらを文法上は使うべきか」などと迷っている暇はありません。

そのときに、エピソード記憶の蓄積が自分の中にたくさんあればあるほど、臨機応変に使い分けることができるというわけです。そしてこのエピソード記憶の蓄積を増やすためには英語の本を読み、英語で会話をし、映画を見る、といった「英語のシャワーを浴びる」ことで増やしていくしかないのです。

それでは、単語帳を使って暗記をしたり、単語を調べるために辞書を引くことは意味がないのかというと、そんなことはありません。**英語学習を始めたばかりの人や初級者の場合は、やはり「基礎体力」として単語をとにかく覚えることが必要です。**

当たり前のことですが、そもそも、この「基礎体力」がないと英語は読めません。僕も大学入試までは『試験にでる英単語』を使って暗記していましたし、授業を聞きながら、例文がたくさん入った英和辞書を端から端まで読むのも好きでした。学校の英語の授業には興味が持てませんでしたが、こうしてある程度の「基礎体力」はつけていたわけです。

知らない単語でも、前後の文脈から意味が推測できる場合もありますが、それにも限界があります。とくにめったに出てこない単語は、文脈から判断しても意味を推測できない場合があるので、辞書を引くことも必要になります。

ただ、そのときに注意してほしいのは、**英文を読んでいる途中で辞書を引かないこと**です。先ほども述べましたが、読んでいる途中に辞書を引くと、脳の中で英語領域と日本語領域の間を行ったり来たりしてしまうので読むスピードが落ち、リズムが崩れてしまうからです。

僕の場合、辞書で調べるのは読み終わってから、どうしても気になる単語だけにしています。

CHAPTER 1 READING 5

「鶴《つる》の恩返し勉強法」で単語を覚える
――複数の感覚モダリティを使う

新しい単語や熟語を覚えるのに、脳科学的に効率的な方法はないかと聞かれることがあります。僕が『脳を活かす勉強法』（PHP研究所）という本でもおすすめしているのは、「鶴の恩返し勉強法」というものです。

なぜ「鶴の恩返し勉強法」と言うのかというと、童話の「鶴の恩返し」で鶴は「決して私が織っているところを見ないでください」と言います。それと同じように、勉強している姿はみっともなくて人に見せられない、という意味です。

僕は単語を覚えるときに、目で読みながら、手で書きながら、声に出して、それを耳で聴きながら、全身を使って記憶していきます。「読む」「書く」「話す」「聴く」という四つの動作を総動員してやるのです。これを実際にやっているときの姿は、とても他人には見せられません。

毛利元就《もうりもとなり》の「三本の矢」の逸話で、元就が三人の息子たちに一本ずつ矢を渡して折るように言うと、息子たちは簡単に矢を折ることができます。次に三本の矢束《たば》を渡して折るように言うと、今度は誰も折ることができませんでした。つまり一本ではもろい矢も、束になれば頑丈になるという話です。

これと同じことが、ものを記憶する人間の脳についても言えます。

脳の側頭連合野《そくとうれんごうや》には、いろいろな感覚の情報が集まってくるのですが、目で文字を追う「黙読《もくどく》」で英文を読むだけでは、感覚のモダリティ――視覚・聴覚・触覚などの感覚を用いて外界を知覚する手段のこと――の視覚しか使いません。

それに対して、「読む」「書く」「話す」「聴く」という四つのモダリティを同時に使って単語を覚えると、それらが合流することによって結束が強くなり、記憶がより

四つの感覚モダリティを使う「鶴の恩返し勉強法」

読む、書く、話す、聴くという四つの感覚モダリティを同時に使うことによって、記憶がより強固なものになる。

強固なものとして残って忘れにくくなります。

手で書かなくても、声に出して音読するだけで、視覚に加えて、「口を動かす」という運動系の働きが加わり、それを「耳で聴く」という聴覚の働きもさらに加わるため、黙読の三倍のモダリティを使います。三つの情報が同時に脳の中に入っていくため、その学習行動はより強化されることになるのです。

こうした理由から、なるべくいろいろな動作を動員するというのは、脳科学的に見ても確実に有効な方法なのです。

ただし、これらの方法は、基本的な単語力を身につけるために、例えば単語帳を暗記するときなどには有効ですが、あくまでも機械的に単語の意味を〝覚える〟うえでのことなので、上級者向きではありません。

上級者はどのように覚えるのかというと、やはり先に述べた「エピソード記憶」を増やすことによって覚えていきます。その単語や熟語がどのような文脈で使われているかということを、たくさんの事例を学ぶことで身につけていくわけです。

僕は学生のときに『風と共に去りぬ』を読んだのですが、その中で主人公のスカーレット・オハラが口癖のように言う、"Fiddle-dee-dee!"というセリフがあります。これはスカーレットが、相手が言ったことに対して反論するときによく使っていた言葉です。

辞書は引かなかったので、そのときは単語の正確な意味はわからなかったのですが、何となく前後の文脈で理解していたという感じでした。このfiddle-dee-deeは物語の中で何回も出てくるので、その文脈が僕の頭の中に入っていて、意味で理解するというよりも、fiddle-dee-deeという単語はどういうときに使われるのかがわかっていたわけです。

実際には、「ばかばかしい!」とか「くだらない!」という意味だったのですが、こうした覚え方は、辞書を引いてすぐに単語の意味がわかるよりも、もっと深いレベルの覚え方だと言えます。

CHAPTER 1
READING
6

三十秒の隙間学習でも効果はある！

――短期記憶と長期記憶

われわれ現代人は、仕事などに追われて毎日が忙しいために、どうしてもまとまった時間を確保して英語学習にあてることがむずかしいときもあるでしょう。

そんなとき僕は、ほんのちょっとした空き時間を利用して二、三分でも英文を読んでいます。その方法については第3章で詳しくご紹介しますが、たとえ三十秒くらいの短時間の細《こま》切れの学習であったとしても、効果はあります。

三十秒なら三十秒読んだだけでも、それだけの英語が脳の中に蓄積されていきます。

多忙な今の時代には、短い時間でも瞬間的に集中し、細切れでも学習できるように脳を鍛えていくということがとても大切なのです。

人の記憶は「短期記憶」と「長期記憶」に分けられますが、短期記憶とは文字通り、短い期間保持される記憶のこと。短期記憶は時間の経過とともに失われてしまうので、

「短期記憶」と「長期記憶」

短期記憶に保存されたものを長期記憶に移行させるためには、
細切れでも、毎日継続的に学習を続けていくことが必要。

これを防ぐには長期記憶に記憶を移行させることが必要になります。

長期記憶とは、短期記憶のうち、**脳が必要と判断したものや印象的と認識したものが保存されたものです。**最近では、「海馬《かいば》」という側頭葉の内側にある部分が、短期記憶のうち、必要なものを長期記憶に変換する際に重要な役割を果たすことがわかってきています。

そして、視覚や聴覚の認知に関する記憶の貯蔵庫であるとされている「側頭連合野《そくとうれんごうや》」に長期記憶として保存された記憶は、一生保存されます。

短期記憶を長期記憶に移行させるためには、細切れであっても、毎日継続的に学習を続けていくことが必要です。

毎日学習していくと、一日目に覚えたこと、二日目に覚えたこと、三日目に覚えたことがお互いに有機的に関連づけられて記憶の中に収納されていきます。そのため、脳は「この記憶は必要なものだ」と判断するのです。

ほかと関連づけられていない一日分の記憶は単独では消えてしまうことが多いのですが、三日分まとまって関連づけられていれば、記憶がより効果的に保持されて残りやすいというわけです。

CHAPTER 1 READING 7

読書体験で〝離陸〟する

一方で、細切れの時間では到達できない「集中の深さ」というものもあります。あるまとまった期間をあてる集中型学習の効果は、英語しかない環境に集中的に身をおくことで、脳が「本気になる」ことから生まれます。

空き時間を見つけて一日十分ずつやるという学習だけでは、脳が「本気になる」、すなわち脳が活性化していろいろな回路を総動員するというレベルまでには至りません。テニスの練習でも、始めてから五分や十分ほどは体が慣れなくてうまく動くことができませんが、一時間くらい続けていると体が動きはじめて、練習に集中できるようになります。英語についても同じで、あるまとまった時間、英語に集中することで脳の「本気の状態」を作り出すことができるのです。

例えば一週間、大学の英語サークルなどで期間を定めてその間、英語しかしゃべらないなどの訓練は、間違いなく効果的です。英語しか話さない期間を設けることによって、脳の中の「英語モード」が一定期間持続し、そのことが英語力アップに大きく貢献するのです。

僕の人生の中では、高校一年生のときにカナダで過ごしたことが、本気度を上げて〝離陸〟できた最初の体験でした。一度「本気になる」経験をすれば、その後の英語学習のモチベーションは持続的に上がっていきます。エンジンのないグライダーが飛行機に引っ張られて離陸し、上昇気流を利用して飛ぶようなものです。離陸さえできれば、モチベーションというグライダーは飛び続けることができます。

この〝離陸〟する体験は、必ずしも留学や英語漬け合宿のような体験でなくてもかまいません。冒頭でお話した「恋に落ちる」ような強いインパクトのある読書体験も、本気度を高めてくれます。

『赤毛のアン』を読破し、英語を学習することが喜びとなってからは、僕の英語の読書はエミリー・ブロンテやシェイクスピア、ジェイムズ・ジョイス、エドガー・アラン・ポーと、どんどん範囲が広がっていきました。

その後、『指輪物語（The Lord of the Rings）』や『風と共に去りぬ（Gone With the Wind）』、『老人と海（The Old Man and the Sea）』などの小説を英語で読むようになってからは「英語でしか表現できないこと」があるということに気づきました。

トールキンの『指輪物語』を読んだのは高校生のときです。当時、世界のベストセラーとして新聞に紹介されていたのがきっかけで興味を持ち、まずは瀬田貞二《せたていじ》さんの訳で読み、その後原書に挑戦しました。

この物語は、ホビットやエルフ、魔法使い、ドワーフといったヨーロッパの神話に登場する、さまざまな種族が魅力の一つです。

トールキンが作り上げた架空の世界はとても詳細で、その世界を構築するために登場人物の系図や「ルーン文字」、「エルフ語」、歴史などの文化的背景を含む完全な神話体系を作り上げています。そのために**物語性は深くかつ圧倒的に面白く、高校生だった僕はたちまちその世界の虜《とりこ》になりました。**

ルーン文字をまねして秘密の日記を書いてみたり、第1部『旅の仲間』に出てくる「モリアの坑道」に入るための、アーチ形にエルフ文字を組み合わせた扉を作って、部屋に飾ったりしていました。そのころは、定期テストが終わったら『指輪物語』の続きを読むことが最大の楽しみでした。

とはいえ、一冊がものすごく分厚いため、全三冊を読み終えるのはかなり大変だった記憶があります。ですが、読み終わった後の充実感や克服感は忘れがたいものとして今でも僕の中に残っています。**一度ボリュームのある本を読み切ると、それが自分の英語への自信にもつながるのです。**

そして、十八歳のときに経済学者のミルトン・フリードマンの『選択の自由（Free to Choose）』を原書で読んだことで、僕はさらに高いところまで上昇できたように思います。

フリードマンはノーベル経済学賞を受賞した偉大な経済学者ですが、この本を読んだことで、それまでの自分の世界観が塗り替えられ、「経済とは何か」ということを真剣に考えるきっかけになりました。

『指輪物語』は大人のための叙事詩的ファンタジー

テストが終わったら読もうと楽しみにしていた

「モリアの坑道」に入るための、アーチ形にエルフ文字を組み合わせた扉。これを自分で作って部屋に飾ったりしていた。

『The Fellowship of the Ring:
The Lord of the Rings – Part One』
J.R.R. Tolkien（Del Rey Books）p.344より

第1部
The Fellowship of the Ring
『旅の仲間』
主人公のフロドと８人の仲間たちは、すべてを支配することのできる魔性の指輪を葬るために旅に出る。

第2部
The Two Towers
『二つの塔』
旅の仲間が離散した後、残されたフロドとサムだけが、呪われた指輪を破壊するために闇の帝国モルドールに向かう。

第3部
The Return of the King
『王の帰還』
恐ろしい闇の力を秘める黄金の指輪をめぐり、空前の指輪大戦争へ――。

この読書体験によって「英語でしか得られない情報がある」のだということを強く印象づけられ、そのときの興奮と感動は今でもはっきりと覚えています。

とにかく非常に強烈なイデオロギーを提示した本なのですが、そこで「すごい」と思わせるのが、それを一つひとつ徹底的に具体的な事例でわかりやすく説明している点です。「自由」や「競争」といった問題を論じるときにありがちな抽象論で終わることなく、強固な説得力で読者を圧倒してくるのです。

これほど強烈にひとつの世界観を提示している人が、世の中にはいる――。そろそろ十代も終わりに差しかかろうとしていた僕にとって、そのスケールの大きさ、世界観の広さは圧倒的な迫力を持って迫ってきました。

しかし、これも英語という言語のもつ明快さがあって、初めて成り立つ世界なのではないかと思います。つまり、フリードマンのこの本はとてもわかりやすい言葉で書かれているのです。内容自体は広い世界を扱っていても、言葉自体は非常に平易で明快。複雑な構文や、もって回ったような表現で読者を苦しめることはありません。

当時の僕にとって、この『Free to Choose』は難度の高い本でしたが、チャレンジ

強烈なイデオロギーを、平易な英語で解き明かした書

『Free to Choose』は大人になった今、読み直したい一冊

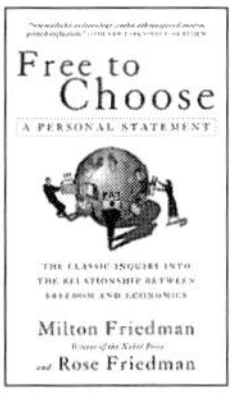

僕がこの本に出会ったのは、大学に入りたての18歳の頃。とにかく強烈なイデオロギーを提示した本ですが、「すごい」と思わせるのは、それを一つひとつ徹底的に具体的な事例でわかりやすく説明しているところ。

1章　The Power of the Market（市場の威力）の冒頭部分

Every day each of us uses innumerable《無数の》 goods《財》 and services—to eat, to wear, to shelter《保護する》 us from the elements《自然力》, or simply to enjoy. We take it for granted《当然だと思い込む》 that they will be available《手に入る》 when we want to buy them. We never stop to think how many people have played a part《役割を果たす》 in one way or another《何らかの形で》 in providing《供給すること》 those goods and services. We never ask ourselves how it is that the corner grocery store《食料品店》 — or nowadays, supermarket—has the items《品目》 on its shelves《棚》 that we want to buy, how it is that most of us are able to earn《稼ぐ》 the money to buy those goods.

It is natural to assume《考える》 that someone must give orders《命令する》 to make sure《確実にする》 that the “right《適切な》” products are produced in the “right” amounts《量》 and available at the “right” places. That is one method《方法》 of coordinating《調整する》 the activities《行動》 of a large number of people—the method of the army《軍隊》. The general《将軍》 gives orders to the colonel《大佐》, the colonel to the major《少佐》, the major to the lieutenant《少尉》, the lieutenant to the sergeant《軍曹》, and the sergeant to the private《兵卒》.

『モギケンの英語シャワーBOX　実践版』（小社刊）より抜粋

して夢中になって読み通しました。

このように読書で英語の世界に集中的に浸ることで感動が呼び起こされ、英語へのモチベーションが持続することにもつながるのだと思います。

CHAPTER 1 READING 8

「一夜漬《づ》け」の効果

集中学習の一つとも言える「一夜漬け」の学習では、そのときは覚えられてもすぐに忘れてしまうのではないか、という声を聞くことがあります。

例えば試験勉強のために一夜で詰め込んだものは、試験が終われば忘れてしまう場合が多いはずです。しかし、**一夜漬けは、ある意味では脳の「記憶する」という機能をフルに活用した方法**なのです。

先日、歌舞伎役者の市川海老蔵《えびぞう》さんと対談したときに興味深いお話をうかがいました。

海老蔵さんは、歌舞伎の舞台で言うセリフを完璧に覚えるわけですが、「どのようにしてあんなにたくさんのセリフを完璧に覚えることができるのか」と尋ねたところ、ぎりぎりまで何もせず「もう、いよいよやらないとまずい」というところまで自分を追い込んでから覚え始めるというのです。そこからは、ものすごい集中力で台本を読み始めて、乾いたスポンジが水を吸い込むような勢いでどんどん吸収していくと言います。

脳は、「これは記憶するしかない」というものを無意識的に選択しています。海老蔵さんの場合は、自分をぎりぎりまで追い込むことによって無意識に働きかけ、脳を「本気にさせる」ことによって、一気に覚えることができるのだと考えられます。

この一夜漬け学習を成功させるためには、睡眠をとることが欠かせません。一夜漬けをする人は、たいてい朝方まで詰め込んで、一睡もしないか、あるいはほんの少しの時間だけ寝て、そのまま試験に臨むことが多いと思います。しかし、記憶のメカニズムから言えば、これは非常に効率が悪い方法です。

一夜漬けのように短期間に覚えた記憶を脳に定着させるためには、その後に睡眠をとることが必要です。また、この記憶を「長期記憶」に移行する、すなわち覚えたことを忘れないようにするためには、試験が終わった後でも、繰り返し学習し、「これは忘れてはいけないことだ」と脳に言い聞かせることが大切です。

CHAPTER 1 READING 9

一冊読み通すことが、自信につながる

自分の読書体験を振り返ってみてよく思うのは、「読んだ本の数だけ本が高く積み上げられ、その分、より遠くまで世界を見渡すことができる」ということです。例えば、五百冊読めばその分の高さだけ自分の足元に土台ができ、その高さの分だけ生きる上での「英知」を手にすることができるのだと思います。

このことは、英語の本についても同じです。英語が苦手な人の話を聞くと、一冊の本を最初から最後まで読み通したことがないという人がほとんどです。英語の本を一冊読むには時間もかかりますし、根気も必要になってきますが、**最初の一冊を読み終えることができれば、二冊、三冊と積み上げていくことができます。**

一冊を読破することで得られる達成感が脳の「強化学習」につながり、次へとまくつながっていくのです。そして何よりも、英語に対して自信を持つことができます。

最初に読む本を選ぶときは、まずは古典として評価が定まっているものから読み始めるといいでしょう。ジャンルは小説でも、エッセーでも、歴史ものでも何でもかまいませんが、自分の好きな本を選ぶことが何よりも大切です。

その辺りのことについては、『モギケンの英語シャワーＢＯＸ　実践版』（朝日出版社）で詳しくご紹介していますので、興味のある方はご覧ください。

その1 児童文学や青春文学、短編小説など

タイトル	作者	この本について	難易度
The Lord of the Rings 指輪物語	J. R. R. Tolkien J・R・R・トールキン	高校生の頃、たちまちその世界の虜となった圧倒的に面白いファンタジー。	★★★
Catcher in the Rye ライ麦畑でつかまえて	J. D. Salinger J・D・サリンジャー	読みどころは、なんといっても主人公による語り口調の面白さにある。不朽の青春文学。	★★
The Last Leaf etc. オー・ヘンリー短編集	O. Henry オー・ヘンリー	短編小説の傑作。シンプルな表現なのに、真似のできない簡潔な文体が魅力。	★★
The Garden Party ガーデン・パーティー	Katherin Mansfield キャサリン・マンスフィールド	一枚の絵のように美しい、"完璧な" 短編小説!	★★
Dubliners ダブリン市民	James Joyce ジェイムズ・ジョイス	大学一年のときに授業で読んだ短編集。天才、ジョイスによる散文表現の最高峰。	★★★

僕がこれまで読んできた本

作品の難易度　★…比較的簡単　★★…それほど難しくない　★★★…チャレンジしがいがあり

タイトル	作者	この本について	難易度
The Little Prince 星の王子さま	Antoine de Saint-Exupéry アントワーヌ・ド・サンテグジュペリ	言葉を超えた本質的なことは何かということを考えさせられる、フランス児童文学の傑作。	★
The Tale of Peter Rabbit ピーターラビット・シリーズ	Beatrix Potter ビアトリクス・ポター	イギリスのカントリーサイド(田舎)の文化的な豊かさを感じる「絵本の宝石」！	★
Anne of Green Gables 赤毛のアン・シリーズ	Lucy Montgomery ルーシー・モンゴメリ	英語に目覚めるきっかけとなった、僕にとって永遠に特別な作品。	★★★
Emily of New Moon エミリー・シリーズ	Lucy Montgomery ルーシー・モンゴメリ	『赤毛のアン』に続くシリーズ。文学的に深い作品。	★★
Alice's Adventures in Wonderland 不思議の国のアリス	Lewis Carroll ルイス・キャロル	数学者であるキャロルの遊び心を楽しむには、原書で読んだ方が断然面白い！	★★

その2
大人向けの小説や戯曲

タイトル	作者	この本について	難易度
The Great Gatsby グレート・ギャツビー	F. S. Fitzgerald F・S・ フィッツジェラルド	青春の"その後"を描いた、アメリカ文学を代表する文学作品の一つ。	★★★
The Fall of the House of Usher アッシャー家の崩壊	Edgar Allan Poe エドガー・アラン・ポー	怖ろしいほどに美しい、芸術至上主義的な小説！	★★★
De Profundis 獄中記	Oscar Wilde オスカー・ワイルド	読んだときに「やられた！」と思った。オスカー・ワイルドが投獄中に書き記した手紙であり、キリストについてのすぐれた洞察の書でもある。	★★★
The Grapes of Wrath 怒りの葡萄	John Steinbeck ジョン・スタインベック	1930年代アメリカの農民を描いた小説。ジョン・フォード監督、ヘンリー・フォンダ主演で映画化された。	★★
Hamlet ハムレット	William Shakespeare ウィリアム・ シェイクスピア	韻を踏んだ戯曲は決して易しくはないけれど、創意工夫を凝らした英語表現の素晴らしさが伝わってくる。	★★★

僕がこれまで読んできた本

作品の難易度　★…比較的簡単　★★…それほど難しくない　★★★…チャレンジしがいがあり

タイトル	作者	この本について	難易度
The Old Man and the Sea 老人と海	Ernest Hemingway アーネスト・ヘミングウェイ	ダイヤモンドの原石のようなハードボイルドな文章。	★★★
Gone With the Wind 風と共に去りぬ	Margaret Mitchell マーガレット・ミッチェル	長いけれどグイグイと物語に引き込まれて読み進めていける、エンターテインメント小説の最高峰！	★★
Jane Eyre ジェーン・エア	Charlotte Brontë シャーロット・ブロンテ	運命に立ち向かう女性を描いた長編ラブストーリー。「女性らしさ」に対する西欧と日本の考え方の違いに感銘を受けた。	★★★
Wuthering Heights 嵐が丘	Emily Brontë エミリー・ブロンテ	英語というものの奥行きの深さを感じさせる、スピリチュアルな面もある作品。	★★★
Pride and Prejudice 高慢と偏見	Jane Austen ジェーン・オースティン	19世紀イギリスの恋愛と結婚を、鋭い心理描写でリアルに描く。	★★★

その3
エッセーや社会科学・自然科学の本

タイトル	作者	この本について	難易度
Mirrors in the Brain ミラーニューロン	Giacomo Rizzolatti, Corrado Sinigaglia ジャコモ・リゾラッティ、コラド・シニガリア	人間とは何か。私達の心の本性はどこにあるのか？ 長く読み継がれるべき新しい「古典」。	★★★
Looking for Spinoza: Joy, Sorrow and the Feeling Brain 感じる脳―情動と感情の脳科学 よみがえるスピノザ	Antonio R. Damasio アントニオ・R・ダマシオ	心を生み出す身体と脳の関係を、脳科学と哲学が融合して解き明かす。	★★★
Surely You're Joking, Mr. Feynman! ご冗談でしょう、ファインマンさん	Richard P. Feynman リチャード・P・ファインマン	20世紀を代表する物理学者が、自らの人生をユーモアたっぷりに語る。とびっきりの名作！	★★
The Emperor's New Mind 皇帝の新しい心	Roger Penrose ロジャー ペンローズ	人間の心、知性の本質は何かということを扱った名著。大学院生の頃、この本を読み終わったとき、世界が今までと変わって見えた。	★★★
Gifts of Unknown Things 未知の贈りもの	Lyall Watson ライアル・ワトソン	インドネシアの孤島に漂着したイギリスの生態学者が体験する神秘的な旅。読む者をインスパイアする力にあふれた書。	★★

僕がこれまで読んできた本

作品の難易度　★…比較的簡単　★★…それほど難しくない　★★★…チャレンジしがいがあり

タイトル	作者	この本について	難易度
Background to Britain バックグラウンド・トゥ・ブリテン	M. Mackenzie, L. Westwood M・マッケンジー、L・ウェストウッド	イギリス文化への最初の灯を点してくれた英文テキスト。	★★
A Man Without a Country 国のない男	Kurt Vonnegut カート・ヴォネガット	ヴォネガットのような良心的な知識人が存在している点が、アメリカという国の面白いところだと思う。	★
Free to Choose 選択の自由	Milton Friedman, Rose Friedman ミルトン・フリードマン、ローズ・フリードマン	大学に入ったばかりの頃、衝撃を受けた本。「急進的自由主義」をわかりやすい英語で解き明かしている。	★★
The Selfish Gene 利己的な遺伝子	Richard Dawkins リチャード・ドーキンス	「文化的遺伝子」ミームを提唱した科学のベストセラー。僕もこのような本を書きたいと思っている。	★★
The Brain that Changes Itself 脳は奇跡を起こす	Norman Doidge ノーマン・ドイジ	人間の脳の可塑性の持つ偉大な可能性を探った書。	★★

第1章のまとめ

- 英語と恋に落ちないと、脳は本気にならない
- わからない単語があっても途中で辞書を引かない
- 内容の三〇パーセントがわかればよい
- 「ドーパミン強化学習」を有効に使う
- 英語を理解するときに、日本語に訳してはいけない
- たくさん読むことによって「エピソード記憶」を増やす
- 「鶴の恩返し勉強法」で複数の感覚モダリティを使う

第2章

音楽を聴くように英語を楽しもう！

CHAPTER 2
LISTENING
10

英語が読めても聞きとれない理由
——0・1秒で脳の細胞が活性化する「アハ体験」

私たちが英語の情報を得る手段には、英語を読む＝リーディングのほかに英語を聞き取る＝リスニングがあります。

中級の英語学習者では、英文は読めるのに、英語を正確に聞き取れないという人が多いようです。なぜこのようなことが起こるのでしょうか。

リーディングの場合は、後頭葉《こうとうよう》の視覚野《しかくや》で文字のパターンが認識され、単語や文として認識されたものが「過去の記憶のアーカイブ」を参照して意味の理解が行われます。

一方、リスニングの場合は、側頭葉《そくとうよう》の聴覚野《ちょうかくや》で音素のパターンが認識されます。音素の列としての単語、さらには文が認識され、「過去の記憶のアーカイブ」を参照して意味の理解が行われるというプロセスをたどります。

つまり、リーディングでは見た文字を視覚野で、リスニングでは聴いた音を聴覚野でパターン認識し、その後の意味を理解する処理プロセスは同じというわけです。

したがって、英語を読むのが得意なのに聞き取るのが苦手という人は、**聴覚野で音声を認識し、過去の記憶と比較参照するところで失敗している**と言えます。

一つには英語のニュースやドラマ、映画などのナチュラルスピードの英語では、音が脱落したり、言葉と言葉が連結して別の音に変化したりすることが多く、そのために読めても聞き取れないということが起こりやすいためでしょう。

例えば、「at the」が「アザ」、「I'm going to」が「アイムガナ」のように発音されるため、聞き取れないわけです。

では、正確に聞き取るリスニング力をつけるにはどのようなトレーニングを行うのが効果的でしょうか。リーディングのときと同様に、ここでも僕がおすすめするのは、英語のシャワーをできるだけ多く浴び、それを毎日続けることです。

具体的には、大量の英語を聴いて、全体の流れを把握することを目的とする「多《た》聴《ちょう》」と、同じ英文を繰り返し聴いて細かい部分まで正確に聞き取る「精《せい》聴《ちょう》」をバランスよくこなすことです。

例えば、通勤や通学の時間は英語を聴き流す多聴にあて、家に帰宅後はスクリプトと見くらべながらじっくり聴く精聴を行えば、リスニング力のアップにつながります。そして**リスニングの学習を根気よく続けていくうちに、いわゆる「アハ体験」に出会うはずです。**

アハ体験というのは、例えば「ノラロー」と聞こえるところがあり、何のことかわからないので、前後の文脈を考えて何度も聴いていると、「あっ、not at allだ！」とわかる。この瞬間がアハ体験です。

気づいた瞬間、ひらめいた瞬間に「あっ！」と感じるアハ体験では、0・1秒の間に脳内の神経細胞が一斉に活性化します。英語学習を通してこのアハ体験を経験することで、脳も活性化します。

リスニングとリーディングの脳内プロセスと「アハ体験」

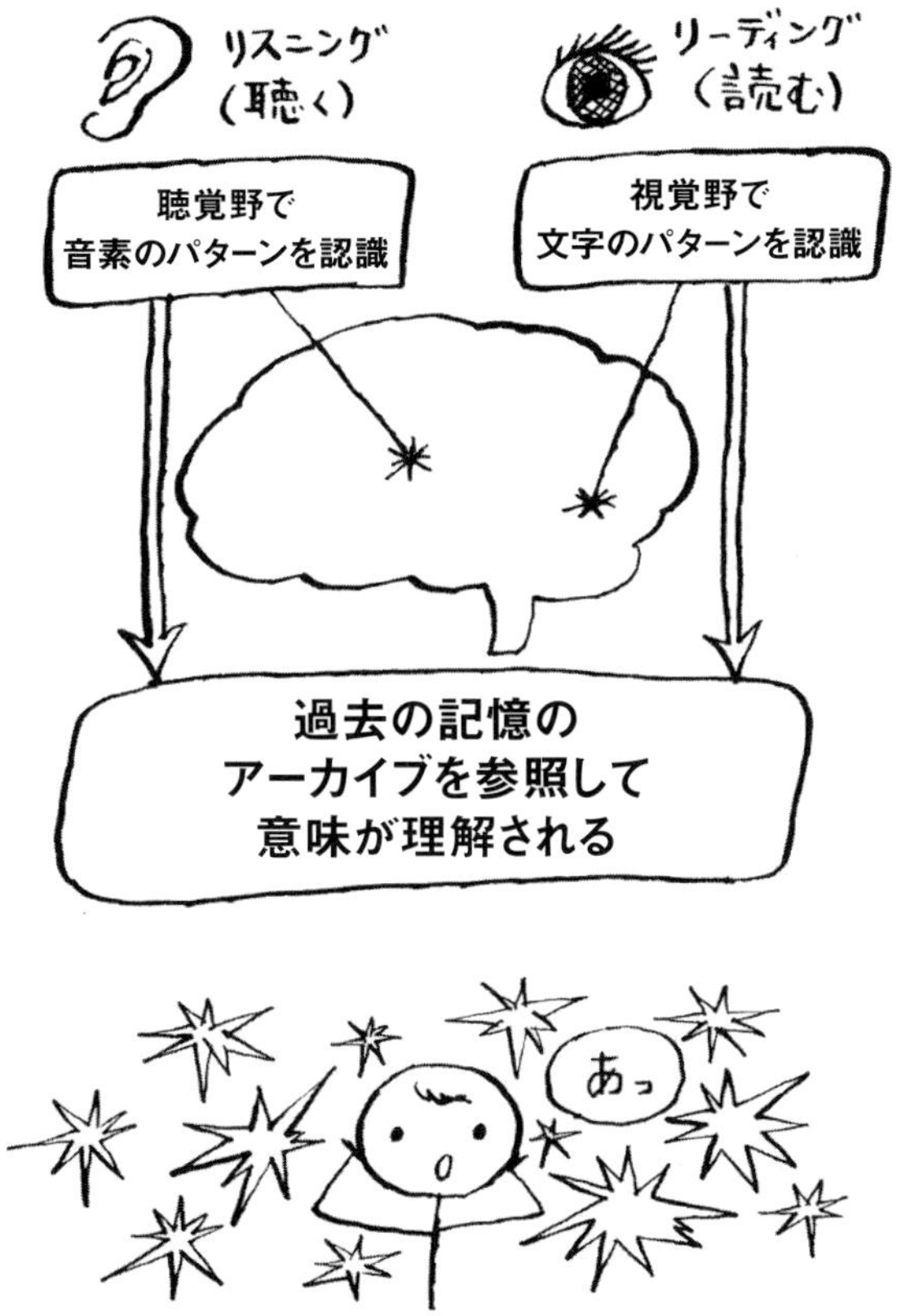

リスニングとリーディングの脳内プロセスは、情報の入り口が異なるだけ。
学習を続けるうちに「あっ！」とひらめく「アハ体験」に出会う。

CHAPTER 2
LISTENING
11

「多聴」は気分が良くなる素材を選ぶ

とにかくたくさんの英語を聴いて、流れをつかむ「多聴」の場合、同じ素材を繰り返し聴く方がいいのか、それともニュース、映画、コメディーというようにさまざまなジャンルの英語を聴く方がいいのかという質問をよく受けます。

僕の場合は、単純に自分の気分が良くなるものを聴いています。

以前は『Father Ted（テッド神父）』というコメディー番組を寝る前に見るのを習慣にしていたこともあります。新しいものを見ると引き込まれて眠れなくなるので、いつも同じシリーズをＤＶＤで見ていたのです。

『Father Ted』は、アイルランドの架空の島を舞台にした間抜けな神父たちのコメディー。僕はこのコメディーが大好きで、今までに合計三十回は見ていて、ストーリーもセリフも全部覚えています。

このように「耳にタコができる」くらい繰り返し聴くこともありますし、イギリス

寝る前によく見ていた コメディー番組『テッド神父』

仕事をしていて、現実逃避したくなったり、夜疲れているときなどに見る、癒し系のコメディー。一本が約30分なので、気分転換にちょうどいい。

Father Tedを見ていると改めて、イギリスのコメディーにおける「奇妙であることの自由」を考えさせられる。Fatherというのは、カトリックの神父の尊称で、登場人物たちはみんなその「神父」であるはずなのだが、みんな奇妙この上ない。とくにすごいのはJackで、いつも安楽椅子に腰掛けていて、「Drink!」などと叫びながら酒瓶を追いかける役回りだ。

イギリスは近代科学の発祥の地。奇妙な人が、その奇妙さを集団の中で萎縮させることなく、ますますそれぞれの奇妙さの世界の中に傾斜していける、というのが科学的創造性を育んだ一つの条件だったのではないか——僕はそんな仮説を持っている。

Father Ted
『テッド神父』
1990年代にイギリスで放送された全25話のテレビ番組。架空の島、クラギー島に住む3人のカトリック司祭と住む込みの家政婦の4人が主な登場人物のコメディー。主人公のテッド神父が他の個性あふれる登場人物に引っかきまわされてドラマが繰り広げられる愉快な物語。

総選挙のテレビ討論のように一回しか聴かないものもあります。何度も聴くかどうかは、素材の内容によるわけです。

ここで僕が言いたいのは、同じ素材を繰り返し聴くのがいいか、さまざまなジャンルのものを聴けばいいか、といったことを考えるより、自分が「どんな英語が好き」で、その英語で「何がしたいか」を考えることの方がずっと大切だということです。

映画が好きなら、映画で英語を学べばいいし、ニュースが好きであったり、将来ニュースの同時通訳になりたいと思うのであれば、ニュースを聴けばいい。

要するに、聴くものの内容に関心がなければ、その英語を聴く意味はないと考えています。

その上、僕は難易度を考えて、聴く英語を選ぶこともしませんでした。例えば、一人で舞台に立ち、話術の面白さで観客を笑わせる、スタンダップ・コメディー(stand-up comedy）の英語はものすごく速くて、今の自分の英語力でもむずかしいと感じます。しかし、それでも興味があるので聴いています。

大好きなコメディアンに、スティーブ・クーガン（Steve Coogan）という人がいるのですが、以前イギリスに行ったときに、彼がロンドンでコメディーの舞台をやっていたので見に行ったことがありました。

そのとき、周りのイギリス人が爆笑しているのに、僕には英語が速すぎて全然わかりませんでした。しかし、スティーブ・クーガンが何と言っているのかを聞き取りたくて、必死になって聴いた経験があります。このようにわからなくても聴いていると、少しずつ速い英語が聞き取れるようになっていくものです。

結局のところ、英語学習のモチベーションとは、こういうところ――自分が好きなものを理解したいと思うこと――からくるものではないかと思います。

CHAPTER 2 LISTENING 12

〝好きな音楽〟を選ぶ要領でいい

それでは、自分の好きな英語素材を見つけるにはどうすればいいのでしょうか。

実は、僕は言葉も「音楽として聴く」ことができる、と思っています。

日本人の英語は抑揚に欠け、発音がよくないと言われますが、その原因の一つに、この「英語を音楽として聴く」ことをしていないことが関係しているのではないかと思うのです。

音楽として英語を聴いていると、例えば**イギリス英語とアメリカ英語が明らかに違う音楽だということが体感できる**はずです。

ですから、まずは英語という〝音楽〟に対する感受性を養うことが大事です。そのためには、自分の感性に従い、興味が持てて素晴らしいと思える英語の音声を、「好きな音楽を探すように」選ぶことです。

音楽と同じように、いろいろな英語を聴き、自分の耳が楽しめるお気に入りの音声を聴いているうちに、この英語は好き、これはあまり好きじゃない、といった好き嫌いが自然にわかってくるものです。

日本語でも話す人によって「この声、この話し方、この間のとり方が好きだ」あるいは「嫌いだ」という好き嫌いがあると思います。

例えば、僕は亡くなった文芸評論家の小林秀雄氏の講演の音声を何度も聴き直します。小林氏の肉声を聴くたびに、その内容や、甲高い声、早口、情熱ある語り口が心の奥底に染み込んでいきます。小林秀雄氏の声は僕にとって最高の音楽の一つなのです。英語で僕が繰り返し聴いているのは、先も述べたイギリスのコメディー番組です。こちらの音楽は、気が合う友達に会ったときのようなリラックスした気持ちで聴いています。

一方で、一度聴いて二度と聴かない嫌いな音声というのもたくさんあります。どの音声が好きで、何が嫌いかを決める基準は、自分の感性に従って「独断と偏見」で選んでしまってかまいません。

僕が嫌いな音声の基準は、自分に合わないもの、違和感を感じるもの、つまらないものです。逆に言えば、**「興味が持てる面白い素材でしか英語は学びたくない」というのが、英語学習に関しての僕の一貫した姿勢なのです。**

一見、単なるわがままに聞こえるかもしれませんが、人間の脳が、喜びを感じると報酬を表す物質であるドーパミンが放出され、その行動を繰り返したくなる習性があることはすでに述べました。

その結果、その行動が得意になっていくのですから、「好きな素材でしか英語は学ばない」という姿勢は、脳科学的にも理にかなった方法なのです。

CHAPTER 2 LISTENING 13

脳の性質を利用した、リスニング強化法
——脳の回路を「聴く」ことに結びつける

また、どのような態度で聴くかという「聴く姿勢」も、リスニング力アップのための重要な要素となります。

前頭葉《ぜんとうよう》の背外側《はいがいそく》前頭前皮質（DLPFC: dorsolateral prefrontal cortex）を中心とする領域は、「今起きている状況に、自分がどれくらい関与しているか」をつかさどっています。

リスニング力を鍛えるには、この背外側前頭前皮質の働きを生かして、脳全体の

回路を「聴く」ことに結びつけるのがポイントです。

例えば、皆さんが英語で行われている講演会に出席したとします。講演者が英語で話しているときに、なんとなく聴き流している場合と、「講演が終わったら、質問しよう」と思って聴いている場合とでは、「聴く姿勢」がまったく違ってくるはずです。

僕が「聴く姿勢」が大切であることを初めて実感したのは、大学生のときに参加した日米学生会議（Japan-America Student Conference）のときでした。

日米学生会議とは、日本と米国の学生が毎年交互に訪問し合い、約一カ月にわたって共同生活を送りながら、さまざまな議論を行うというものです。僕が参加した年はアメリカで開催され、ゼネラルモーターズの本社をはじめミシガン大学やハーバード大学など、アメリカ各地でいろいろな講演を聴いて回りました。

そのとき僕は、講演後の質疑応答になったら、「真っ先に質問しよう」「講演者の意見に違和感を覚えたことを伝えてみよう」などと身構えて聴いていました。

当時の僕は、リスニングの能力はある程度身につけてはいましたが、講演者の高度な英語をすべて聞き取れていたわけではありませんでした。

ところが、「質問したい」という積極的な姿勢で聴いていたからでしょうか。講演者の英語がそれまでよりはっきりと聞き取れるようになっていたのです。

今思えば、このときに**脳は真剣に「聴こうとする姿勢」を感じとって、脳全体の回路を「聴く」ことに結びつけた**のだと思います。

このように本気になって聴き、その後に「何を発言しようか」と考えるようにすると、脳全体のさまざまな回路が動員され、背外側《はいがいそく》前頭前皮質の働きが活性化して、聴こうとする機能が高まるのです。

CHAPTER 2
LISTENING
14

サンデル教授の「ハーバード白熱教室」

英語の講演会はリスニング力をアップするには理想的な環境ですが、日本で生活していると、なかなかそういった機会をつくるのがむずかしいと思います。そこで、インターネットを利用して、自分があたかも講演会や講義の会場にいるかのような状況に近づけるようにしてみてはいかがでしょう。

例えば、僕がおすすめするリスニング素材は、最近までNHKで「ハーバード白熱教室」という番組名で放送していて、今はインターネットで見ることができる、ハーバード大学のサンデル教授の講義「Justice（正義）」です。

この授業は、英語を聴くだけでなく、英語で考えるトレーニングにもなるのでおすすめです。

彼の講義には毎回一千人以上の学生が出席しており、あまりの人気ぶりに、大学側は授業非公開という原則をくつがえし、ハーバード大学史上初めてメディアへの公開に踏み切ったという講義です。

サンデル教授の講義では「正義とは何か」をテーマにさまざまな事例を提示し、「君ならどうする？」「何が正しい行いなのか」「その理由は？」と学生たちに問いかけ、活発な意見を戦わせ、その判断の正当性を議論していきます。

この講義を利用して、まずはハーバードの学生になったつもりで、「自分がサンデル教授に質問するとしたら、どういうことを尋ねようか」という姿勢で聴いてみる。あるいは、講義を聴きながら、その内容を要約して書いてみる。そうすることで、講義に参加しているような状況に近づくことができます。

要約して書くのも、本来のディクテーションのように一字一句正確に書き取るところまではしなくても、何らかの形で**「アウトプット」に結びつけるようにして聴くだけで、脳の回路が聴くことに集中する**ようになります。

英語を聴きながら「書き取る」ディクテーションには、脳の回路を「聴く」ことに結びつける以外にも、自分が正確にリスニングできているかどうかをチェックできる利点があります。

リスニングでは、百パーセント聴けているつもりでも十パーセント聞き落としていたり、聴けていても曖昧に理解している部分が意外とあるものです。

このため、ディクテーションをやると、英語の上級者でも単語を聞き落としていたり、文章構造や文の流れを正確に理解していなかったというようなミスがわかり、自分の英語の精度をチェックすることができます。

僕のおすすめのリスニング素材

サンデル教授の「ハーバード白熱教室」

何が正しい
行いなのか？

君なら
どうする？

その理由は？

サンデル氏のJusticeは、カントやベンサム、ミルなどの思想家を参照しつつ、人間にとって「正義」とは何かということを普遍的な言語で語る。「効用」などの概念を通して「真理」に迫るその姿勢は、自然科学とも通底し、大いに共鳴、共感できる。

Justice with Michael Sandel
「ハーバード白熱教室」
サンデルの「政治哲学」講義を収録したテレビ番組。日本ではNHK教育テレビで2010年4月から6月にかけて放送された。"Justice: What's the Right Thing to Do?"『これから「正義」の話をしよう』として書籍化されている。

これは、英語を聴いて書き取るためには、単語が聞き取れるだけでは十分ではなく、それ以上に聴いた英文の「意味がわかる」ことが重要だからです。

言い換えると、**聴いた英文の文章構造を理解して意味を把握できていなければ、それを書き取ることはできない**ということです。

CHAPTER 2
LISTENING
15

映画やドラマの英語は、ニュースよりも難しい

ところで、CNNなどのニュース番組は聞き取ることができても、映画やテレビドラマの英語が聞き取れないのはなぜでしょうか。

映画やドラマの英語よりも、ニュースの英語の方がむずかしいと思っている人もいるかもしれませんが、それは大きな誤解です。

確かに、一見ニュースで使われている英語の方が、政治や経済関係の用語や固有

名詞がでてくるので、日常会話が中心の映画やドラマよりむずかしいと思ってしまいがちです。

しかし、実際は映画やドラマで話されている英語の方が、ニュースの英語よりも聞き取りにくいことが多いものです。

ニュースの英語は、「正統派の英語」だと思ってください。日本の学校で普通に習う英語を学んでいればたどり着ける種類の英語です。発音も話すスピードも標準的な場合が多いでしょう。また、内容も一般に論理的ですから、知識がある程度あれば、わからない語も文脈によって推測しやすいということがあります。

ところが、映画やテレビドラマの中で使われる英語は、学校では教わらない「生きた会話」が中心の英語です。**つまり、われわれが日本で習ってきた英語とは学習回路が異なる英語、と言えます。**

発音も語尾の音が消えたり、つながったりする変化が多く、いわゆるリスニング教材で聴くのとは全く違う聞こえ方をしたりします。ですから、例えば留学するなどして生活の中で「生の英語」に慣れるといった経験がないと、なかなか聞き取れないわけです。

しかし、自分にとって聞き取りやすい英語や同じ音声教材を聴いているだけでは、実際の会話では通用しません。なぜなら、それは日本語を学ぶ外国人がＮＨＫのアナウンサーが話す日本語だけを聴いているようなものだからです。

ＮＨＫのアナウンサーが話す日本語は非常にクリアーですが、世の中には、もごもごっとやる気がなさそうにしゃべる高校生もいますし、早口でまくしたてるようにしゃべる女性も、大きな声でゆっくりとしゃべるお年寄りだっています。言葉にはそういうさまざまな発音の仕方があるわけです。

いろいろな英語の発音を聴くという経験を積み重ねて、脳の中のさまざまな発音のデータベースを増やすことによって初めて、実践の場で通用するリスニング力がついてくるのです。

CHAPTER 2
LISTENING
16

百パーセント理解できなくてもよし、とする

一つひとつの単語は聞き取れるのに、文章全体として聴いたときに、その文章の意味が頭の中でまとまらず、理解できないという人もいるでしょう。

このことは「英語の意味がわかる」とはどういうことか、という根本的な問題を含んでいる点で非常に重要です。

つまり、リーディングの説明でも同じようなことを述べましたが、聞いている英語の意味がわかるということを「聴きながら日本語に翻訳していけること」と定義づけるなら、同時通訳ができる人同様の高度な英語力が必要だということになります。

ですが、通常「英語の意味がわかる」とは、**自分で英語の文章が理解できればいい**わけですから、日本語に翻訳する必要はありません。しかも、その理解も百パーセントでなくてもいいわけです。

英語の意味がわかるということには、百パーセントわかる段階から五十パーセント、

三十パーセント……とさまざまな段階がありますが、実際の会話ではそのようなことを気にしている余裕はありません。

例えば、誰かと英語で会話してみればわかることですが、会話とは**相手が言っていることの意味を百パーセントつかめていなくても、ニュアンスがわかればなんとか成立します。**

日本語での会話を考えてみればもっとわかりやすいと思いますが、必ずしも相手が言っていることの意味を完全に理解できなくても、ある程度推測して答えて、それでも会話は成り立ちます。

このように言葉の意味がわかるというのは、「ある程度理解できていればいい」ということです。

とにかくリスニングの経験を積み重ねていくと、百パーセント理解できなくても大丈夫だと思えてくるはずです。

文章全体の意味が頭の中でまとまらないというのであれば、まずは「言葉のニュアンスをつかむ」ところから始めてみるといいでしょう。

CHAPTER 2 LISTENING 17

インターネット上での素材の探し方

僕の学生時代には、リスニングの練習をするための良質な素材を探すのに苦労しました。洋画を見るか、せいぜい米軍放送のFEN（現在のAFN）でニュースやアメリカの音楽、スポーツ中継などを聴いていたくらいです。

ところが今や、インターネット上でいろいろな英語の音声を聴くことができます。自分に合った素材をYouTubeでも探すことができますし、アカデミックな素材を聴きたいなら、iTunes U（アップルの教育コンテンツの無料配信サービス）にハーバード、スタンフォード、MITなどそうそうたる大学の講義が公開されています。

先ほど紹介したハーバード大学のサンデル教授の講義「Justice（正義）」も、このiTunes Uに公開されているので、無料で自由にダウンロードすることができます。

そのほか動画サイトでは、政治家の演説や著名人の講演会などの生きた英語を無料で視聴できます。

例えば、「Authors@Google」というサイトには、グーグルが著名な本の著者を招いた講演会の映像を集めてあり、講演の様子が質疑応答も含めて見ることができます。そこでは、ニューヨーク三部作や『ムーン・パレス』などの作品で知られる現代アメリカを代表する作家のポール・オースター氏（Paul Auster）が自分の作品『Man in the Dark』を朗読し、参加者からの質問に答えている映像や、ハーバード大学教授で言語学の本を数多く出版しているスティーブン・ピンカー氏（Steven Pinker）の講演などを見ることができます。

また、「Candidates@Google」というグーグルの別のサイトでは、選挙候補者のスピーチが収めてあり、ここではバラク・オバマ氏（Barack Obama）がまだ大統領候補のころに講演した映像が見られるようになっています。

つまり、今ではラッキーなことに、インターネット上でお気に入りの英語の素材を手軽に見つけられて、リスニングのトレーニングに使えるというわけです。

もちろん日本語訳はついていませんので、最初のうちは何を話しているのかわからないかもしれませんが、インターネットをラジオ代わりに毎日かけておくことで、ク

ネットは魅力的な リスニング素材であふれている!

Authors@Google
2008年8月に新著『Man in the Dark』を朗読するポール・オースター氏。

オースター氏のこの小説は手書きで、タイプライターで打ち込んだそう。「昔ながらの技術も捨てたものじゃない」と言う。

Authors@Google
2007年9月に行われたスティーブン・ピンカー氏の講演。

講義を通して、話している内容に合わせて以下のようなレジメが映し出されるので、リスニングの訓練にはもってこいだ。

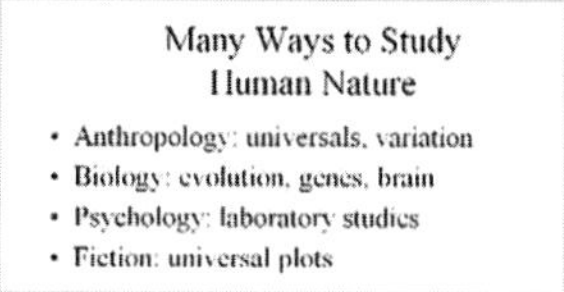
Many Ways to Study
Human Nature
• Anthropology: universals, variation
• Biology: evolution, genes, brain
• Psychology: laboratory studies
• Fiction: universal plots

Candidates@Google
2007年11月。大統領候補のころのオバマ大統領の講演。

大統領候補としてアメリカの未来について熱く語るオバマ氏。アメリカという国はいろいろ欠点もあるが、このように「かつてはとても不可能だと思われたこと」が実現するところはすごい。

オリティーの高い英語の感覚に慣れていくことができます。

そのようにして英語の雰囲気や空気を浴びるだけでも、必ずやリスニング力アップにつながるはずです。

CHAPTER 2
LISTENING
18

自分に合った教材は〝第六感〟で見つける

今は本当にたくさんの英語教材が巷《ちまた》にあふれています。インターネットの普及によって、ウェブ上で学べる英語教材も加わり、さらに増えてきた感じがします。

その中でもひときわ目につくのが、「たった○日間、英語を聴くだけで話せるようになる」といったような、短期間で英語が身につくことをうたった即効型のものです。

仕事や留学などで必要なため、「どうしても短期間のうちに英語を身につけなければならない」という人や、「楽をして英語が話せるようになりたい」と思っている人にとっては、こうした教材が魅力的に見えても仕方がないでしょう。
しかし、**残念ながら学問に王道はありません。**

脳科学的な見地からも、英語学習では実際に英語に触れている時間をできるだけ増やすことが最も大切です。英語を読む、聴く、話す、書く量をこなし、積み重ねることでしか絶対に上達しません。宣伝で言われるような近道はないのです。

ただし、だからと言ってがっかりすることはありません。

確かに、英語習得には時間と量が欠かせませんが、**学習する時間を楽しんでやれば、苦痛にならないし、学習効果も上がります。**英語学習に限らず、どんなことにも当てはまりますが、やはり楽しんで続けることが上達の一番の近道なのです。

ダイエットの場合も、食べるものに気をつけて適度な運動を続けることでしか成功への道はありませんが、何か続ける上での楽しみがなければなかなか長続きはしないでしょう。それと同じことです。

そこで、楽しく英語を学習するためには、どのような教材を使えばよいのかということが非常に重要になってきます。自分に合わない教材を使っても学習効果は著しく落ちますし、合う教材は人それぞれで違います。

先ほど、「好きな音楽を選ぶように、リスニングの素材を選ぶ」という話をしました。このことはリスニング素材に限らず英語学習の教材全般に言えることです。

それに加え、教材選びには〝第六感〟を磨くことが欠かせません。自分に合った優れた教材を選ぶには、本人の第六感によるところが大きいからです。

例えば、インターネットの動画サイトYouTubeで教材を探すときにも、その膨大な動画の中から自分に合った素材を見つけるのは、至難の業です。そんなときに、**第六感が優れていると、「自分に合うものはこれだ!」と直感的にわかるものです。**

では、その第六感をどう磨いていくか——。それは「感動」することだと僕は思います。日本語の本でも「この本は面白そうだ」とわかるのは、今までに多くの本を読んできた中で、自分が感動する作品がどういうパターンのものであるか、ある程度見当がつくからです。

つまり、自分の中に「感動した経験のストックを蓄える」ことで、自分に合った教材をインスピレーションで見つけ出す第六感が磨かれていくのです。

CHAPTER 2
LISTENING
19

目に見える変化がなくても、あきらめない
——カードが五枚そろうまで待つ

ところで、勉強をずっと続けているのに、目に見える成果が上がらないと、がっかりして途中でやめてしまう人が非常に多いと思います。けれども、僕に言わせれば、それはとてももったいないことです。

というのは、今の時点で**目に見える劇的な成果がなかったとしても、脳の回路の中では変化が起こっている可能性が高い**からです。

例えば、ある英文を四回聴いても聞き取れなかったとします。では、五回目も聞き取れないかというと、突然聞き取れることがあります。

これは、脳が「非《ひ》線《せん》形《けい》素子」であるからなのです。「線形」とは、原因に対して結果が一直線の関係にあることを言います。一方、「非線形」とは、簡単に言うと1+1=2にならないことです。つまり、原因と結果の関係が直線では表せない複雑な

ものを言うのです。

別の言い方をすると、例えば脳の中で五枚カードがそろうと、ある英文が聞き取れると仮定しましょう。英文を一回、二回と聴くたびに、脳の中でカードがそろっていきますが、五枚全部そろうまで結果は表れません。

カードが四枚の段階ではまだ結果が表れていないために、多くの人がこの時点であきらめてしまいます。

ところが、脳は非線形なので、目に見える変化がなくても、無意識の回路の中で変化が蓄積しており、カードがもう一枚増えたとき、ある日突然わかるということが起こるわけです。

このように目に見える成果がなくても、勉強をする脳の中では**変化が確実に起きています。**ですから、皆さんも途中であきらめずに勉強を続けていってほしいと思います。

第2章のまとめ

・「多聴」と「清聴」をバランスよくこなす
・リスニングの素材は、好きな音楽を選ぶ要領で探す
・講演を聴くときは、質問する心構えで聴く
・感動できるものを選べば、〝第六感〟が磨かれる
・目にみえる成果がなくても、脳の中では変化が起こっている

第3章

スピーキングのときに、脳の中で起こっていること

CHAPTER 3
SPEAKING
20

なぜ、会話だとパニックに陥ってしまう？

日本人のなかには、英語を読んで聴くことはできるのに、会話になるとささいなところが聞き取れないだけでパニックに陥ってしまう人がいます。

その結果、すっかり慌ててしまって自分がしゃべるときも単語の順番を間違えてしまい、頭が真っ白になり、言葉がうまく出てこなくなってしまう――。

なぜ、このようなことが起こるのでしょうか。

これは「英語を学ぶ」ということと「英語を生きる」ということの作用を考える上でとても大事なことだと思います。

実は、人間の脳の中では英語に使われる回路は一つではなくて、どういう文脈で英語を使うかによって使用する回路が少しずつ異なります。

例えば、TOEICのスコアは高いけれど、会話がうまくできないという人は、英語の「言語としての理解」という文脈では回路ができていると言えますが、日常生活のような「流動的な状況で即座に受け答えする」という文脈では、まだ脳の回路がうまくできていないということになります。

「英語を学ぶ」ことと「英語を生きる」ことの違いは、勉強には正解がありますが、われわれが生きている世界には正解がなく、予測がつかない点です。

会話でも「今日はこういう話をしよう」と思って準備して行っても、相手の出方次第で全く違う話になるということはよくあります。そうした「生きる現場」における脳の使い方と、勉強での脳の使い方は違うのです。

そう考えると、今までの人生の中で、「生きる現場」での英会話という文脈で自分の脳を働かせたことがトータルで何時間あったのか、冷静に振り返ってみればいいわけです。たいていの日本人が受けてきた英語教育というのは、**「生きる現場」で役立つような内容の英語を、ほとんど教わってきていないはずです。**

日本人はとっさの会話で英語が聞き取れなかったり、うまく言葉が出てこなかったりすると、ショックを受けますが、**それまでやっていないのですから、できなくて当たり前なのです。**

CHAPTER 3
SPEAKING
21

「たどたどしさの谷」を通ることを厭《いと》うな
——脳をフロー状態にする

大人の場合、会話の中で英語が聞き取れなかったときでも、聞き直すことをプライドが邪魔してしまい、わかっているふりをしてしまいがちです。

実はこのマインドセット——物の見方や考え方が、「自分の英語を生きる」ことを邪魔してしまっているのです。

「自分の英語を生きる」というのは具体的にどういうことかと言うと、ネイティブのように流暢でなくてもよいので、**ブロークンでも自分なりの英語でしゃべることです。**

ブロークンな英語にも、魅力的な英語はいくらでもあります。

母国語のことを考えてみた場合、われわれは親や兄弟とブロークンで不完全な会話をしながら、時間をかけて日本語を身につけてきたはずです。

子どもは言葉が聞き取れないときには、正直に「わからない」と聞き返します。そして、言語を習得するには「たどたどしさの谷」のような段階を経てうまくなっていくものだと皆が認識しているため、周りの大人も本人も別に気にしません。

ところが、成人して教育もちゃんと受けてきて、英語の成績もそれなりにいい人が、いきなり〝生の英語〟の世界に接して、会話の内容が全然わからないという状態になると、また最初から「たどたどしさの谷」を通らなくてはならないことに対する心理的な抵抗が起こる。そこで、パニックに陥ってしまうのではないでしょうか。

そのようなときには、脳を「フロー状態」にすることが大事です。**フロー状態とは、ハンガリー出身の心理学者、ミハイ・チクセントミハイという人が提唱している概念で、集中しているけれど、リラックスしている状態を言います。**

一般に「集中している」イコール「緊張している」状態だと思われがちですが、最近の研究によると、最高のパフォーマンスは、脳がこのフロー状態になっているときに生まれることがわかってきました。これは百メートル走のウサイン・ボルト選手が走るときの、いわゆる〝ゾーン〟と呼ばれる状態と同じです。

脳のフロー状態をつくりだすのに最も適している状況とは、「自分のスキル」と「課題のレベル」が高いところで一致していることです。

例えば、僕たちが気のおけない仲間や友人と日本語で話が盛り上がるときには、脳がフロー状態になっているはずです。喫茶店とか居酒屋でしゃべるときには、とくに意識しなくても流れるように会話が続いていきます。英語でそれと同じような状態に持っていければいいわけです。

しかし、そのためには「たどたどしさの谷」を英語でも通らなければなりません。

課題とスキルのレベルが一致せず、スキルのレベルの方がちょっと下にある——つまり、自分がやりたいことに能力が追いついていない間は、フラストレーションがたまることでしょう。

しかし、人間とは不思議なもので、途中は苦しいかもしれませんが、英語を話すときにも集中しているけれどリラックスしているフロー状態にいつか行けるのだと思うと、それを楽しみにして頑張れるものです。

そのためには、とにかく場数を積み重ねるしかないのですが、その場数とは「英語を勉強する」場数ではなく、「生きる現場」における英語の場数を踏むのだというこ

脳をフロー状態にする

「たどたどしさの谷」を
通らないとネ

集中しているけれど
リラックスしている

英語をしゃべるときでも脳を「フロー状態」にするためには、
「たどたどしさの谷」を通らなければならない。

とを忘れないでください。

CHAPTER 3
SPEAKING
22

ホームステイ先で受けた〝洗礼〟

僕の場合、「生きる現場」における英語を最初に経験したのは、高校一年生のときでした。夏休みに語学研修のため、カナダのバンクーバーにホームステイしたときのことです。

ホストファミリーの家に到着するなり、トレバーとランディという小学校四年生と二年生の男の子がいきなり飛び出してきて、遊び相手をやらされるはめになったのですが、そこで僕は初めて「生の英語」に、しかも最悪の形で出会いました。

子どもは、こちらが英語をしゃべれないことなど全く気にしません。それでいきなり会話をたくさんしなくてはならない「人生ゲーム」をやらされたのです。

それまで英語で書かれた小説は読んでいても、外国人としゃべったことなどなかった僕にとって、あのときの衝撃はいまだに忘れられません。今でこそ中学校の現場にも外国人のＡＥＴ（英語指導助手）がいますけど、当時はまだそんな制度などありませんでした。

子どもたちの相手をしている間、いろいろな感情がわき起こってきました。とまどいやぎこちなさ、英語になった瞬間に自分のＩＱが下がってしまう感じなど……。彼らより僕のほうがずっと年上だし、いろいろ勉強してきて賢いはずなのに、英語になった途端に、まったくの無力になってしまったのです。

それでも、彼らに算数を教えるときだけ立場が逆転しました。僕が「こんなの簡単だよ」と言って教えはじめると、今度は向こうが「オーッ」と尊敬のまなざしになる。あの感覚は、今も僕の中では宝物として残っています。

このホームステイ先での一カ月は、本当にすごく貴重な体験でした。

こうした体験から、僕は一つの仮説として、**日本人が英語が苦手な理由の一つは、最初から大人の「秩序だった会話」から入るためではないか**と思っています。

子どものときは、あまりいろいろなことを気にせずにもっと自由に言葉をしゃべっていますす。この「キッズ・イングリッシュ」のプロセスを経ることによって、僕たちの英語ももっと遠くに行けるのではないかという気がするのです。

僕がキッズ・イングリッシュを経験したのは、このバンクーバーにいた一カ月間だけでしたが、ものすごく鍛えられて、英語力が飛躍的に伸びるきっかけになったと思います。

カナダにホームステイをしたときも、その後留学したケンブリッジでも、一番「厳しかった現場」は、実はホームパーティーです。

僕だけが日本人であとはネイティブばかりという場で、一人ポーッと座っていても、周囲は会話で手加減してはくれません。

そこで、どうやって会話に入っていくか。ジョークがわからなくても、みんなが笑っていたら、こっちも笑ったり、逆に何とかジョークを言って笑わせたり。とにかく何らかの形で会話に入っていくしかないわけです。

例えば皆がカナダの話をしていたなら、複雑なことは言えないから“How about the

United States?" と言って参加していく。**大事なのは、人の話をちゃんと聴いているということを相手にわかってもらうことです。**

以前、劇作家の平田オリザさんと対談したときに「演劇の良いところは、どんな人にでも役が与えられることだ」とおっしゃっていました。例えば口べたな子には無口な役を割り当てればいいし、英語の劇だとしても、カタコトしかしゃべれない人にもちゃんと役が与えられるというわけです。

そのような意味で、英語が苦手な日本人にもホームパーティーで「何かの役」があるはずです。そしてその役が何なのかを、自分で探さなければいけません。

僕は受験英語に関してはあまり苦労しなかったのですが、ホームパーティーでは話すスピードも違うし、会話のテンポにもついていけない。受験英語がいくらできても、実践の場での英語力とはあまり関係がないということを、痛感させられました。

CHAPTER 3
SPEAKING
23

なぜ、日本人はコミュニケーションが下手なのか

日本人は一般的にコミュニケーションが下手だと言われていますが、**人にどう接するかという点でのマインドセット（物の見方や考え方）に、言葉以前の問題が日本人にはあるように思います。**

日本人が英語が苦手なのは、英語を学ぶ環境や、ボキャブラリーの問題だけではないと僕は思っています。「対人コミュニケーションのスタンス」が、英語圏の人たちとは根本的に違うのです。

イギリスなどでは討論をしていて強い意見を言うと、同じぐらい強い意見が返ってきます。テニスの壁打ちのように、ポーンとボールを打つと、同じくらいの強さで跳ね返ってくるわけです。

欧米人は幼いころから、自分の意見をはっきりと主張するように育てられているので、普段から自分の意見をはっきり述べます。これはアメリカの移民でも同じで、英

語を読んだり聴いたりすることがそれほど得意ではなくても、話したいことがあれば臆することなくどんどん英語で話します。

その一方で、日本人は自分の意見をはっきり主張する教育を受けていません。普段から他者に対して、自分の意見を言う訓練を積んでいませんから、英語で外国人と話すときにも、何を話していいかわからなくなってしまうのです。

日本人のコミュニティーでは誰かが強い意見を言うと、シーンとしてしまうことが多くあります。「何でこの人、こんなことを言うのだろう」というような空気が流れるわけです。

日本には古来より「言挙《ことあ》げしない」――つまり、ことさら「言葉に出して言わない」文化がありますが、僕はそれでは英語でコミュニケーションをとることはむずかしいと思います。

さらに、日本人は「内輪《うちわ》の会話」を好む傾向にあります。内輪の会話とは、「相手と同意する」ことを前提にしたもので、「共感し合う」ことが目的の会話です。これは英語圏の人たちの「それぞれの意見が異なる」ことを前提として「自由に意見を交わす」ことを目的とした会話とは対照的です。

こうした**意見を主張する訓練の不足と、内輪の会話を好む傾向が、日本人のスピーキング力が突出して劣っている理由の一つだと思います。**

たとえ英語で会話ができたとしても、「自分の意見」をきちんと持っていなければ、「自由に意見を交わす」という、英語を使う本来の意味から外れてしまいます。

せっかく英語で会話するのですから、内輪の会話から離れて、もっと世界に通じるテーマを話題に選ぶことも大切です。

CHAPTER 3 SPEAKING 24

まずはプールに飛び込むことが大事
――「pretty good」と「very good」の失敗

日本人が英語を話せないもう一つの理由に、「英語に対する姿勢」も挙げられると思います。

これには日本の英語教育が深く関係しています。つまり、テストで良い点数を取るための授業を通じて、間違ってはいけないという考えが強くインプットされてしまっているために、**いざ英語を話そうとすると、文法的に正確かどうかといったことばかりが気になってしまい、結局伝えたいことや言いたいことが話せないのです。**

このことに加えて、「あいつの英語は、発音が下手だ」「あの英語表現は、文法上正しくない」といった具合に、ほかの人の英語に対しても、ささいな点ばかりに敏感で批判的な人が多いように思います。

「何を伝えようとしているか」という本質的な内容とは関係ないところで、まるで足の引っ張り合いをするような、こうしたメンタリティーも関係しているのではないかと思うのです。

今まで出会ったネイティブの人で、僕の話す英語が変だと言ってきた人は一人もいません。それは、僕のスピーキングが完璧だからというわけではありません。

高校一年でカナダにホームステイしたときも、大学生のときに日米学生会議に参加したときも、今よりもずっと不完全な英語で話していたのですが、彼らは会話の内容に興味があったため、僕の英語がたどたどしくても、大した問題ではなかったということなのです。

僕が英語で書いているブログ「The Qualia Journal」にも、内容にではなく、重箱の隅をつつくように英語に文句をつけてくる人がいます。しかし、そんな時間があるなら、今すぐ英語を聴いて、読んで、話して、書けばいいと思うのです。

他人の英語を批判していても、自分の英語力は上がりません。それは、プールに飛び込む前に、どうやって泳げばいいのか理屈をこねているようなものです。理屈を言う前に、まずはプールに飛び込んでしまう人の方が英語力は伸びます。

かくいう僕も、英語での会話に慣れないころは、いろいろと失敗がありました。例えば、「I didn't go to」の代わりに「I didn't went to」と何度も言ってしまったり、「come」と「go」を間違えたり……。

ところが、何回も間違えながら話していくうちに「今、何か変なことを言ったな」と自分で間違いに気づくようになるものです。

それには、会話という「生きた現場」で場数を踏み、「野性の英語」を鍛えるしかありません。英語で会話するという場数を踏んでいけば、自分の言葉に対する感覚が磨かれて、次第に間違いも減っていくはずです。

英会話力が未熟なせいで「相手に失礼な言い回しをしていないか」と心配する必要はありません。こちらがベストを尽くしているとわかれば、ネイティブは間違っていても察してくれます。

僕の場合は、カナダにホームステイをしていたとき、とんでもない間違いをしていました。なんと、pretty good（まあまあ）をvery goodの意味で使っていたのです。「夕食はどうだった?」と聞かれれば「pretty good!」、ソフトクリームを買ってもらったときも「pretty good!」と答えていました。

ところが、あるときホストファミリーの人から「pretty goodをvery goodの意味で使っていないか」と聞かれて、冷や汗が出ました。彼は僕の表情や文脈から判断して、もしかして間違って使っているのかな、と察してくれたようです。

こうした経験からも、失敗してはいけないと思って何もしゃべらないよりも、間違ってもいいからコミュニケーションをとろうとする姿勢の方が大事だと思うのです。

CHAPTER 3
SPEAKING
25

会話を続けるのは、たき火に似ている

初対面の外国人と英語で話すとき、あいさつと自己紹介をすませてしまうと、その後の話題が続かずに困るという人が多いと聞きます。

こうした場合は、自己紹介の後に話す話題を事前にいくつか用意しておくだけで、会話の流れがずいぶん違ってきます。

例えば、**日本についてのちょっと面白い話題や、自己紹介の延長として、自分の個性が現れるような趣味や好きな作家などの話をしてもいいでしょう。**

そのときに注意すべきなのは、自分の個性が伝わる話と、自分の属性に関する話は違うということです。

日本人に多いのが、自分の通っている大学や勤務している会社といった、自分の属性を話題にしたがる人です。

「私が好きな作家はハルキ・ムラカミです」というのは、その人の個性の現れであり、そこから会話が発展する可能性が広がりますが、「私は○○大学の学生です」「私は○○という会社に勤めています」では、その大学や会社を知らない人からすれば話が広がりにくく、退屈な話題になってしまいがちです。

僕がまだ英会話の初心者だったころ、外国人とよく話していたのは蝶《ちょう》の話題でした。蝶は世界中にいて、誰でも知っているので話題にしやすいのです。蝶が好きだと言うと、「この前、面白い蝶を見たよ」という具合に話題が広がり、会話を盛り上げることができます。

話題が広がったら、次は会話を途切れさせずに続けていくことがポイントです。会話をうまく続けるには、まずは話の内容を「メタ認知」することが必要です。メタ認知とは、自分の考えや行動を客観的に見ることを言います。

そのときの会話の流れを冷静にメタ認知できれば、そこから会話をどのように展開させればいいかが予測できます。

例えば、中国の民主活動家にノーベル平和賞が与えられたことについて会話を始めて、話しているうちに話題が尽きてきて、今にも会話が終わりそうになりつつあるとします。このとき会話の流れをメタ認知できていれば、会話が完全に終わってしまう前にすかさず別の話題に移ることができます。

会話を続けるのはたき火に似ています。火が消える前に新しい薪《まき》を足していくように、会話が終わる前に新しい話題を提供していくのが、うまく続けるためのコツです。**新しい話題に移るときのポイントは、それまで話してきた話題と関連性があり、かつ話が広がっていくような話題を選ぶ**ことです。

そのためには「連想《れんそう》記憶」をうまく使うといいでしょう。会話をしていると、それにともなって連想される記憶がかならずあると思います。その中から次の話題を選んでいけば、今話していることに関連がある話題に自然につなげていけるはずです。あとは、次の話題に移るタイミングを見計らって話の種をまけばいいのです。

このように「メタ認知」と「連想記憶」をうまく駆使していけば、会話が途切れることを防ぐことができます。

CHAPTER 3 SPEAKING 26

スピーキングのときに、脳で起こっていること

ここで、僕たちが英語を話すときに、脳がどのように機能しているのかを見ていきましょう。

脳には、言葉をつかさどっている場所、いわゆる言語中枢《ちゅうすう》があり、ウェルニッケ野《や》、ブローカ野《や》などと呼ばれています。

ウェルニッケ野は「感覚性言語野《げんごや》」とも呼ばれ、主に聞くことをつかさどり、言語理解の中枢として働きます。一方、ブローカ野は「運動性言語野」とも呼ばれ、主に言葉を話すことをつかさどります。

人が話すとき、話し言葉を理解する領域である「ウェルニッケ野」が活性化して、話したい内容が信号化され、それが「ブローカ野」へ伝達されます。

ブローカ野はウェルニッケ野からの信号を受けて活性化し、その反応はさらに前《ぜん》頭葉《とうよう》の運動領域や補足運動野などに広がり、発話の際に実際にどのように口や舌を

動かすかという運動がコントロールされています。

感覚系は、見る、聴く、感じるなどの五感を通した「情報の入力」をつかさどる領域で、一方の運動系は、実際に手足や口を動かして「情報を出力」することをつかさどる領域のことです。

問題は、情報を「入力する回路」と「出力する回路」が、脳内で直接連絡をとっていない点にあります。

このために英文を黙読《もくどく》しているだけだと、感覚系しか働かず、運動系は休止状態になっているために、運動系の領域である会話能力は鍛えられないのです。

ただ、情報を入力する「感覚系」と、情報を出力する「運動系」の進度には常にズレが存在し、**ほとんどの場合、感覚系の方が先に上達します。**

ですから、英語学習を続けている途中の段階で、「読む、聴く」よりも「話す、書く」の方が苦手だとしても、それほど気にする必要はありません。感覚系の方が先に上達するのは、ごく自然なことだからです。

「運動性言語のデータベース」は、「感覚性言語のデータベース」よりも常に小さ

感覚系言語と運動系言語の学習回路

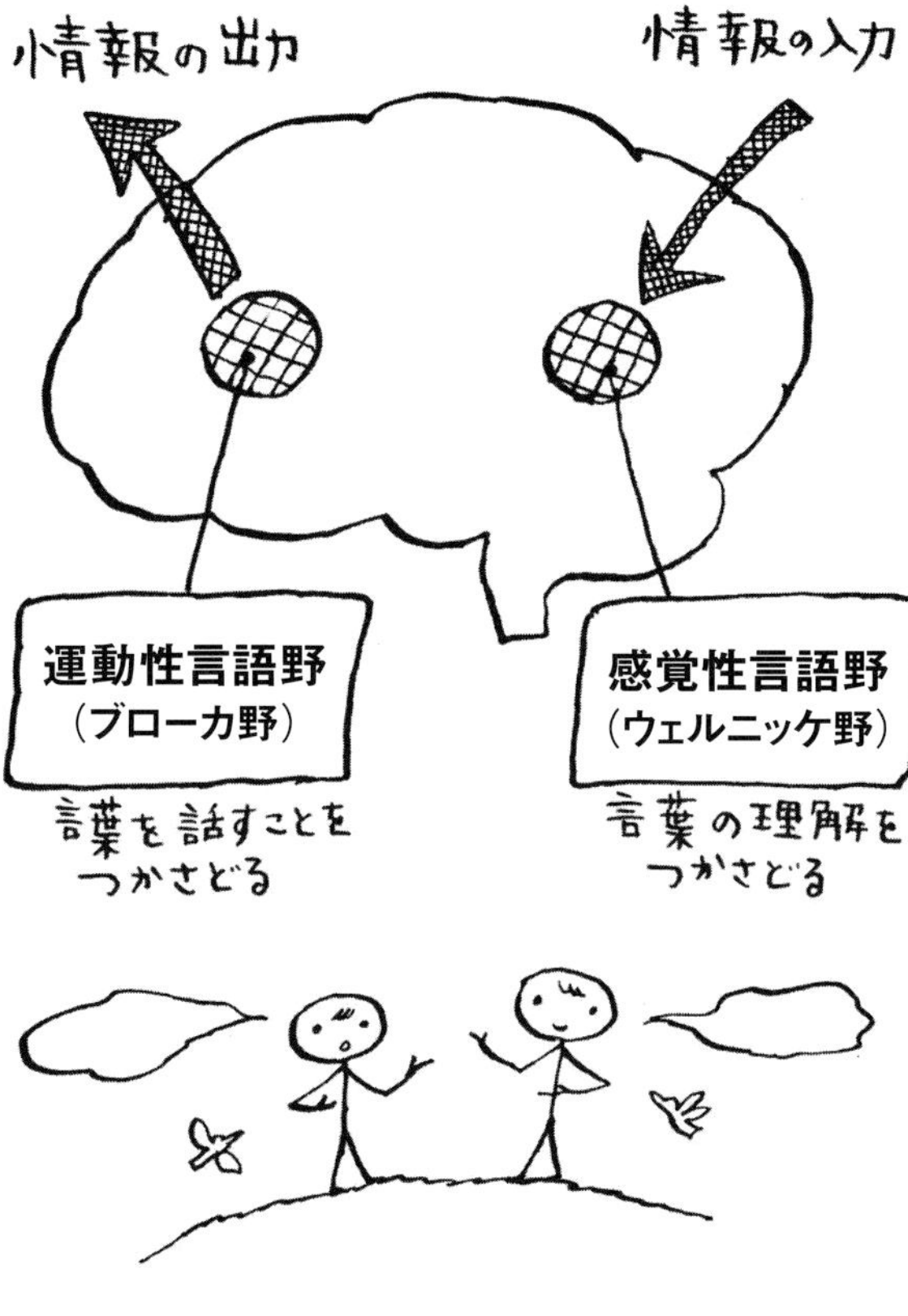

人が話すときには、感覚性言語野(ウェルニッケ野)で言葉を理解して、
運動性言語野(ブローカ野)で言葉を発する。

いのですが、感覚性言語のデータベースが増えればそれに合わせて大きくなっていきます。

そして、感覚性と運動性、両方のデータベースがある「閾値《いきち》」——ある反応を起こさせる、最低の刺激量を超えたときに、自然に英語で発想して話せるようになるのです。

CHAPTER 3
SPEAKING
27

僕のおすすめのトイレ学習法
——英語を音楽として聴き、修正する

それでは、会話能力をつかさどる運動系を働かせるためには、どのような方法があるでしょうか。

これには実際に声を出して英文を読んで、それを耳で聴くというフィードバック学習をやるのが効果的です。基本的には第1章でご紹介した「鶴の恩返し勉強法」と同じですが、ここでは僕が日常的に行っているスピーキングの練習方法についてお話

しましょう。

僕は自分の発音を矯正するために、毎日英語の本を声に出して読んでいます。すでに述べたように、僕は「英語を音楽として聴く」ようにしています。「音楽として聴く」というのは、声の抑揚や音の感触といった音楽的感性にもとづいて、英語に耳を傾けるという意味です。

このように、常に音楽として英語を聴き、自分がしゃべる英語の「音楽」とどこが違うのかを比較します。そして、その誤差を修正するには、口や舌をどのように動かせばいいのかを自分の身体で学んでいきます。

自分が音読した音が「リアルタイムで耳に入ってくる」という経験を積むと、発音のまずかったところや、単語の読み間違いなどがわかるようになります。

ただし、人前で声に出して読むのは恥ずかしいですから、一人になれる時間がとれるのであれば、そのときに声に出して、はっきりとした大きな声で読むといいと思います。

僕がおすすめするのは「トイレ学習」です。僕はいつも、自宅のトイレに英語の本を置いていて、トイレに入るたびに声に出して読み上げ、それを聴きながら自分の発音をチェックするのです。そこで、「今の発音はちょっと違うな」とか「ここの音は、もっと強く発音しよう」といった発見ができます。

今は、著名な遺伝学者のスティーブ・ジョーンズの『Darwin's Island』という本を読んでいますが、トイレに入ったときにしか読まないので、一回に二ページくらいずつしか進みません。それでも毎日続けているので、トータルではかなりの時間になり、発音を矯正してスピーキング力を鍛える良いトレーニングになっています。

トイレはドアを閉めると意外と声が外に漏れないので、本でもプリントアウトした英文でも何でもいいので置いておいて、トイレに入るたびに声を出して読むことをおすすめします。

また、オバマ大統領のスピーチやYouTubeなどにアップされている有名なスピーチなどを繰り返し聴き、シャドーイングのようにしゃべってみるのも、スピーキングの練習として有効です。

声に出して読んだり、シャドーイングをするときの脳の回路の働きは、会話をするときの働きとは少し異なりますが、「運動系を鍛える」という意味においては、会話力アップの役に立ちます。

ただし、ある特定の人のスピーチばかりに限定し、発音やしゃべり方をそっくり真似するような「オウム返し」の学習法をストイックに繰り返すようなことは、あまりおすすめできません。

なぜなら、**そうした単調で面白みに欠ける練習を繰り返していると、集中力が落ち、脳は飽きてしまうからです。**

日本人は真面目な人が多いので、面白くない単調な学習にも真剣に取り組みがちですが、つまらない学習は長続きせずにモチベーションも下がってしまいます。したがって、朗読やシャドーイングを行うときも、なるべく自分で興味の持てる素材を選ぶようにしてください。

CHAPTER 3
SPEAKING
28

英語で発想したほうが楽

ところで、英語を話すときに最初に日本語で考えて、それを英語に直そうとする人も少なくないのではないでしょうか。

しかし、**日本語で考えてから英語に直していたのでは、いつまでたっても英語を話せるようにはなりません。**

一見、最初から英語で発想する方がむずかしいと感じられるかもしれませんが、すでに述べたように、頭の中で日本語を英語に翻訳するのは非常に困難な作業ですし、慣れれば最初から英語でイメージして発想する方がはるかに楽なのです。

英語で発想するためには、「情報の入力」をつかさどる「感覚性言語のデータベース」を増やしていくことが必要です。

その理由は、子どもが言語を習得する過程を考えてみればよくわかります。子どもは生まれてからしばらくは、話すことができない時期が続きます。この時期は何をしているのかというと、お父さんやお母さん、そのほか周囲にいる人たちが話している言葉を毎日大量に聴いています。

外から入った言葉は、子どもの脳に蓄積されていき、ある程度の量の言葉がたまった時点で、あるとき突然話し始めます。

このとき子どもは、話す言葉以上のことを理解しています。

例えば、子どもが「パパ」という言葉を発したとき、「パパ」という言葉だけが頭の中にあるのではなく、「パパ」という言葉を発するための、もっといろいろな言葉の体系があり、そこで初めて「パパ」という言葉が出てくるわけです。

したがって、読んだり、聴いたりすることで増える「感覚性言語のデータベース」がある程度まで増えないと、発話という結果は引き出せません。

その意味でも、やはり英語をたくさん読む、聴くなど、とにかく「英語のシャワーを浴びる」ということが大事になってきます。感覚性言語のデータベースが増えれば、英語で発想できるようになります。

ただ、英語で発想してさらに「話せる」ようになるには、「運動性言語のデータベース」と連動させなければなりません。そのためには、感覚性言語のデータベースに蓄積されたものを元手にして「出力」していくことが必要です。

言葉というものは、読んだり、聴いたりするだけでなく、話したり、書いたりして実際に使ってみなければ身につかないところがあります。

例えば、僕は英語のブログを書いていて、その日生まれて初めて使った単語がありました。

その単語を書いているときに、初めて単語の意味が自分の中で定まった気がしました。

話す、あるいは書くことによって「自分の言葉になる」という感覚でしょうか。

読んだり聴いたりする「入力」と、話したり書いたりする「出力」のサイクルが脳内でうまく回ることで、言葉の意味が定着していくのです。

子どもが「パパ」という言葉を発するとき

子どもが初めて「パパ」と言うとき、子どもの頭の中には、
「パパ」だけでなく、それに関連するもっとたくさんの言葉の体系がある。

CHAPTER 3
SPEAKING
29

英語自体を〝目的化〟してはいけない

「茂木さんは、どんな勉強をして英語が話せるようになったのですか?」

このように聞かれることがよくあります。

僕は一九九五年から二年間ケンブリッジ大学に留学するまではずっと日本に住んでいて、英会話学校に通ったこともなければ、テレビやラジオの英会話講座で勉強した経験もほとんどなく、高校や大学で英語サークルに所属していたこともありませんでした。

「それで、どうして英語が話せるようになったの?」と驚かれることもあります。

僕のポリシーは「英語自体を目的化して勉強することはしない」ということです。

別の言い方をすると、英語は目的ではなく、自分が「英語を使って何かをする」ときに必要な「道具」や「手段」にすぎないと思っています。

自分が読みたい本や知りたい情報が、たまたま英語でしか書かれていないから、英語を読む。あるいは、「英語でしか表現できない何か」があるから、英語で話す。そして僕の場合、この英語でしか書かれていない情報を読みたい、英語でしか表現できないことを表現したいという欲求がとても強かったのです。

このような英語への態度が、僕の英語に対するモチベーションを保ち、そのおかげで英語を話せるようになったのだと思います。

実は、過去に三回ほどアメリカに留学する機会がありましたが、いずれのときも途中で考えを変え、結局アメリカには行きませんでした。なぜ行かなかったのかというと、今思えば、日本人としての自分を失うことが嫌だったからでしょう。

アメリカという国は「文化の坩堝《るつぼ》」として、どんな文化も一つのアメリカ文化に溶かし込んでしまいます。そうした中で自分のルーツを見失ってしまうことを本能的に恐れたのだと思います。

英語を学ぶときも、英語の習得だけを目的化してネイティブのように話せるようになったとしても、話す内容に「中身」がなければ意味がありません。

「英語はあくまでも道具であり、目的ではない」という考え方が、日本人として英語に接するときに、今後とても大事になってくるのではないでしょうか。

CHAPTER 3 SPEAKING 30

英語をしゃべることを「大したこと」と考えない

僕が英語を話せるようになったのは、〝現場主義〟に徹したことが功を奏したのだと思います。

当時は、日本に住んでいて英語を話す機会はほとんどありませんでした。そこで、高校時代のカナダでのホームステイの一カ月間や、大学生のときに参加した日米学生会議の一カ月間という非常に限られた期間を使って、集中的に英語を話すことに徹しました。

そのときはいろいろ間違えたり、失敗したりしたのですが、誰と話すときにも、とにかく物おじせずにしゃべることを心がけました。失敗やみっともなさを恐れず、チャレンジを続けたことが、今の自分のスピーキング力につながっています。

物おじせずに話すポイントは、ある意味で〝図々しく〟あること、そして〝根拠のない自信〟を持つことです。自分が今までやったことがないことでも、この二つがあればなんとかできてしまうものです。

何年か前に、NHKの「視点・論点」という番組の国際版に出演したときは、すべて英語で収録したのですが、そのときは原稿を用意せずに、アドリブで約十分間、英語でしゃべりました。番組の収録を終えて、ディレクターの方に言われたのは「原稿なしでやったのは、明石《あかし》元国連事務次長と茂木さんだけです」ということでした。

テレビに出演して英語で話すというのは、そのときが初めてでしたが、なぜか収録する前から「なんとかできるだろう」という根拠のない自信があり、実際になんとかなりました。

英語を話すときは、この〝根拠のない自信〟が自分の背中を押してくれて、物おじせずに話すことができるのです。

原稿なしで英語を話したり、ぶっつけ本番で英検のスピーチをしたという話をすると、

「茂木さんだからできるのでは」と言われてしまうことがあります。しかし、そんなことはありません。僕だからできる、自分だったらできないと思ってしまうのは、思い込みにすぎません。

とくに日本人は教育の中で、「日本人は英語が話せない」と思い込まされてしまっているところがあります。

英語で話すというのは、ある程度英語でしゃべることに慣れていれば、誰でもできることです。英語が母国語ではないのに、英語が話せる世界中の多くの人たちを見ればわかりますが、そうした国ではお店の売り子の人でも、子どもでも、平気で英語を話しています。彼らは、インテリというのではなく、ごく普通の人々です。

英文学や英語学を学ぶのでなければ、英語とは学問ではなく「単なる言葉」です。

要するに、英語がしゃべれること自体は大したことではありません。日本人は、それを「大したこと」だと思い込んでいるために、なかなか英語が話せるようにならないのだと思います。

第3章のまとめ

・「英語を学ぶ」ことと「英語を生きる」ことは違う
・脳がフロー状態のときに、最高のパフォーマンスが生まれる
・英語を習得するためには「たどたどしさの谷」を通らなければならない
・「内輪の会話」から脱却して「自分の意見」を持つことも大切
・トイレ学習で、声に出して読んで自分の発音を修正する
・英語を目的化したり「大したこと」と考えてはいけない

第4章 英語でツイッターのすすめ

CHAPTER 4
WRITING
31

英語でツイッターのすすめ

ここまで、英語を読む（リーディング）、聴く（リスニング）、話す（スピーキング）ための勉強法についてお話してきたわけですが、これらにくらべて英語を書く（ライティング）ということは、いささかハードルが高いと感じる人もいるかもしれません。あるいは、「自分には関係ない」と思われる方もいるでしょう。

しかし、英語を書くことを習慣づけるのは、それほどむずかしいことではありません。僕も英語のブログを楽しんで書けるようになったのは、ここ一、二年のことです。それまでは、あまり書いていませんでした。

ですが、英語でブログを書くことで「世界に発信する」ことの魅力を実感してからは、英語を書くことの楽しさに魅了され、今では僕にとっての大切な表現手段になっています。

ライティング力をアップさせるにもやはり、とにかくたくさん書くという経験を積むことが欠かせません。当たり前のことですが、英文を書けば書くほど、脳の英語のデータベースが豊かになっていくからです。しかし、そう言われても「何を書けばいいのか」と思われる方もいらっしゃることでしょう。

そこで僕がおすすめするのは、ツイッターを利用して英語でつぶやく方法です。

僕はインターネット上のサービスは何でも興味を持って使ってみる方で、その〝体験〟を大切にしているのですが、ツイッターを使い始めたのは一年半ほど前。@kenmogiというアカウントで英語で書いています。

ツイッターの最大の魅力は140字という字数制限です。英語に不慣れな人でも、140文字以内という短い字数でネット上に文章を投稿できるので、気軽に始められるのではないかと思います。

英語で書くことに慣れていない人がいきなりブログなどを始めるのは、運動不足の人がフルマラソンに出場するようなもので無謀とも言えますが、140字なら2センテンスくらいなので、軽い感じで始められます。

続けるために重要なのは、毎日の習慣にすることです。僕の場合は**朝起きたら英**

語のツイッターを書くことが習慣になっています。

英語で書くのが大変であれば、最初は他人が英語で書いたツイッターをフォローするだけでもいいでしょう。すると、英語の表現やリズムが自然に体に入ってきて、自分でもつぶやいてみようかなという気持ちになります。

ここでも大事なのは「勉強するため」という心構えではなく、**自分が「面白いと思うこと」を直接知る楽しさを味わう**ことです。

僕はステファン・フライ（Stephen Fry）というイギリスのコメディアンが大好きで、彼のツイッターをフォローしているのですが、彼の文章をリアルタイムで読めるのはとても楽しいものです。

ツイッターのもう一つの魅力は、「リアルタイムでやり取りをする」という点です。ツイッター上で自分のツイート(投書)を読んだ人たちからレスポンスがもらえるなど、不特定多数の人たちとつながることができるので、誰も読むあてのない英文をひとり黙々と書くよりもよほど張り合いがあり、続けやすいはずです。

左ページは僕が書いた英語のツイッターのほんの一例です。

ツイッターで
「世界に発信する」楽しさを知った

Beautiful morning. Prospect of a nice walk in the Meiji Shrine forest on the way to work. Routines make the self in the long run.

美しい朝。仕事への道で明治神宮を歩くのが楽しみだ。毎日の日課が自分というものを作っているのだ、結局は。

There is nothing that the sunshine cannot heal.

太陽の光が癒せぬものなど、何もない。

Today is my birthday. The air and sun and moon is celebrating, just because I have friends who send me kind words.

今日は誕生日。大気と太陽と月が祝福してくれる。友人たちの優しい言葉によって。

With each rain, the spring deepens. The moisture brings life out into the fields.

一雨ごとに春が深まる。
湿った空気が、生き物たちを大地に迎え入れる。

Running in the sun, I saw a flock of sparrows. One of them is me.

日差しの中を走っていて、スズメの群れに出会う。あの中の一羽は僕だ。

The hair grows little by little everyday, until one day you notice that it is entirely transformed. The inner life is something like that.

髪の毛は毎日少しずつ伸びる。そしてある日、全くの変貌に気づくのだ。自分の心も、そのようなもの。

CHAPTER 4 WRITING 32

英語で表現すると、〃風通し〃がよくなる

ツイッターには、いわば脳における「前頭葉《ぜんとうよう》」のような機能があります。内容が面白くて目を引くものであれば、それが誰の発言かに関係なく注目が集まるので、人々の〃情報資源〃(リソース)や〃関心〃(アテンション)をどう配分するかを決める役割を果たします。そういう意味で脳の司令塔、あるいはオーケストラの指揮者にたとえられる前頭葉とよく似た機能を果たしているのです。

140字という字数制限を設けていることで、ツイッターはかえって情報の競合、複製、伝達という原動力の迅速な進化を促進しているとも言えます。

インターネットの発展で、今や日本のどこにいても、田んぼの真ん中にいても、世界の〃文明の坩堝《るつぼ》〃の中に直接身を投じることが可能になりました。ネットにつながってさえいれば、そこが世界文明の中心になり得るのです。

僕はこれを、「直接性《ちょくせつせい》の原理」と呼んでいます。直接性が支配するということは、

言い方を変えれば、媒介物や翻訳者は必要がないということです。そしてそこでは、世界の共通語である英語で発信し、表現することが必須になってくるのです。

また、英語で表現すると、〝風通し〟がよくなります。**直接世界に向かっていろいろな事柄について書くと、閉め切っていた家の窓を開けて風を入れるような感覚が得られます。**このために、英語で表現することは僕にとって大事な営みなのです。

その際、日本語の表現に依存せずに、英語で自分の考えをいかに具現化し、面白く魅力的な文章にするかを考えることは、とても良いトレーニングになります。

僕の場合は、日本に住んでいる外国人とツイッターを介してコミュニケーションをとっています。彼らとやりとりしていて一番感じるのは、日本に住んだ経験のない外国人の英語よりも、日本人にとって親しみやすい英語を使っているという点です。日本で暮らしているので、日本の英語文化や日本文化にも詳しく、日本独特の固有名詞についてもよく知っています。

僕は英語のブログなどで、日本独特の文化や風物について書くことがあるのですが、そうした日本特有の事象を、英語でどう表現すればうまく伝えられるのか迷うことがありました。

そんなときに、日本在住の外国人の人たちがブログやツイッターを通して日本文化について英語で書いているのを知り、それ以来、彼らの英語が僕の書く英語の「お手本」になっているのです。

「The QUALIA JOURNAL」(http://qualiajournal.blogspot.com/)という僕の英語のブログは10分ぐらいで書いているのですが、一つの試みとして、いろいろなタイプの内容について書こうと努めています。

科学的な論文ももちろん一つのジャンルですが、自分の子ども時代の思い出とか、日本で起こった出来事など、さまざまなテーマについて英語で表現した経験があると、「表現の幅」がそれだけ広がってきます。

例えば、自分が子どものときにたこ揚げした思い出などを英語で書くのは、最初はすごく抵抗がありましたが、こうしていろいろなジャンルの事柄について書いているうちに、自分の中の英語回路がだんだんrobust(強固でしっかりとした)なものになってくる気がします。

ブログ「The QUALIA JOURNAL」

いろいろなテーマについて書くようにしている。

Friday, March 26, 2010
Strike out

As a kid I was fond of playing baseball. I was not a particularly good hitter. When I was cornered into two strikes, the bad image of a strike out would pop into my mind. I try to compose myself, but the negative feeling would persist.

There's the pitch, and the ball comes towards me as if in a slow motion. I swing my bat, and sure enough, I miss the ball. Often by wide margins.

To this day, the experience of anticipating a strike out and the actually see it happening remains a persistent item in my collection of feelings. I should say that I rather enjoy the going down. Even if you strike out, there would be always another at bat.

子どもの頃、僕は野球が好きだった。さしてバッティングがうまい少年ではなかった。ツーストライクで追い込まれると、スリーストライクでアウトをとられる悪いイメージが頭によぎった。なんとか落ち着こうと努めたけれど、この嫌な感じは振り払えなかった。

ピッチャーが球を投げて、スローモーションのようにボールが自分に向かって近づいてくる。僕はバットを振ったが、やはり球には当たらない。それも多くの場合、大きく空振りをして。

このアウトになるのではないかという恐れと、それが実際に目の前で起こった経験は、僕の心の中でいまだに強く残っている。しかし凡退するのを、どこか楽しんでいる自分もいる。アウトになっても、次のバッターチャンスが必ずあるのだ。

「The QUALIA JOURNAL」は、なるべく読みやすい英語で書くようにしていますので、皆さんが英語を学習する上で参考にしてくれるといいなと思っています。

CHAPTER 4
WRITING
33

英語の〝言葉の美人〟になる

英語でツイッターを書くときに一番大切なポイントは、自分が**生活の中で実際に感じていることを表現する**ことです。言い換えると、人工的な受験英語や検定英語ではなく、「生きる現場」における「野性の英語」を目指すことです。

さらに、脳の英語のデータベースを増やすという意味からも、**同じ言葉の繰り返しを避け、いろいろな「言い換え表現」を使う**ことを心掛けるといいでしょう。

英語は、繰り返しの表現を嫌います。例えば「日本人」という言葉を文中で何度も書くときは、最初に“Japanese”を使ったら、次は“compatriot”（同胞）や“citizens of this island nation"（この島国の住民）、あるいは"people of Japan"（日本の人々）などの言い回しを使うことができます。

このように多彩な表現を心掛けることで、表現の幅が広がり、そうすることによって、書いていること自体が楽しくなっていくという、良いサイクルが循環していきます。

現在、カネボウ化粧品と共同で、人の顔について研究を行っているのですが、その中で「いろいろな顔の平均値」が「美人顔」であると位置づけられています。人は、目、鼻、口などの各パーツの位置や大きさが平均値に近いほど、それを美しい顔だと感じるそうです。

同じように、僕は〝言葉の美人〟というものもあるのではないかと思います。言葉づかいが磨かれて美しい人は、「言葉の使い方の平均値」に当たるものが脳の中でつくられています。

〝言葉の美人〟は多くの文章に触れることで、脳内に「ある言葉がどのような文脈でどう使われるか」についての豊富なデータベースがつくられているため、言葉づかいがより平均値に近づくのです。

ところで、ライティング力をアップさせるには、とにかく「たくさん書くこと」だと書きましたが、たくさん書くためにはいくつかのポイントがあります。

まずは、**辞書を使わずに書くこと。次に文法を気にせずにどんどん書いていくこと。そして、書き上がったものが文法的に正しいか、使った単語は間違っていなかったかというチェックはしないこと。**もちろん、書き直しも不要です。

このようなことを言うと、「自分が書いた英語が正しいかどうかがわからないと、上達しないのではないか」といった声が必ず聞かれます。ここで僕が言いたいのは、**正しいか正しくないかよりも、大量に書くことの方が圧倒的に大切**だということです。

自分が書いた文章をいちいちチェックして、そこで文法の間違いや語順の間違いを正していくことに時間を割いていると、結局少量の英文しか書けず、ライティング上達に不可欠な〝書くリズム〟を体にしみ込ませることができません。

第1章のリーディング編で覚えた語彙や表現は、書くことによって初めて自分のものになります。そうした語彙や表現を使いながら、新しい文章を次々に書き続けていくことによって、自然で正しい英文を書く力が身についていくのです。

CHAPTER 4
WRITING
34

テニスのサーブと同じように、体で覚える

ライティング力をつけるために、新聞記事のパラグラフなどをノートに書き写すのも効果的な方法だと思います。

ただし、お手本となる記事などを一語一語見ながら書き写したのでは、残念ながらあまり効果は期待できません。なぜなら、一語一語を書き写す作業は、単に単語ごとのコピーにとどまり、脳の回路の表面しか使われないために記憶として定着しません。

それよりは一つの文章を見て、いったん覚えてから書き写す方がより効果が高いと言えます。そうすることで、そのセンテンスが脳の前頭葉《ぜんとうよう》にある作業用の記憶、「ワーキングメモリ」に入り、長期記憶として定着しやすくなるからです。

文章を覚えてから書き写すと、側頭葉《そくとうよう》にある言語関係領域などの使われ方も、より自発的なものとなり、脳の回路の広い範囲で使われることになるので、効果的だ

というわけです。

お手本となる文章を書き写すことは、そのほかにも「英語の文章のスタイルが身につく」という利点があります。

英語の文章のスタイルというのは、繰り返し練習したりすることで身につくもので、その覚え方は、テニスのサーブの仕方や泳ぎ方を覚えることなどと同様に「手続き記憶」というものにあたります。

「手続き記憶」はいわば「体で覚える」記憶で、サーブのときのラケットの動かし方をうまく言葉にできないように、言葉で説明できないことが多いものです。

例えば、自分の英文のスタイルはジェイムス・ジョイスの文章にくらべて劣っていると感じても、どこが違うかは感覚でしかわかりません。それはテニスでも同じで、悪いフォームを矯正するには、言葉で理解してもだめで、実際にラケットを持ってボールを打ってみるしかないわけです。

お手本の文章を書き写すことで、自分の中にその文章のフォームを取り込み、英語の文章のスタイルを「体で覚えて」身につける。要するに、テニスのフォームの矯正に近いことが行われていると言えます。

日本人で英語を毎日書いている人は、それほど多くないのではないかと思います。GDP（国内総生産。Gross Domestic Product）という経済指標がありますが、日本人に欠けているのは、実はGDPではなくGDEではないかと僕は内心思っています。

GDEとは僕が作った造語ですが、Gross Domestic English Sentence――つまり、日本人は書く英文の総量が圧倒的に足りていないと思うのです。

CHAPTER 4 WRITING 35

日本にいながら、「英語モード」にする

海外に留学している間は、英語で考えて、書いたり、話したりする「英語モード」であったのに、日本に帰ってきてしばらくすると、日本語で考えてそれを英語に変換

する「日本語モード」に戻ってしまう。このような話をよく聞きます。日本語を話す人ばかりの環境に置かれるわけですから、当然「日本語モード」を日常的に使います。加えて、日本語は僕たちにとっての母国語なので、「英語モード」を維持するのはいささかむずかしくなります。

では、日本にいながら「英語モード」を維持するにはどうしたらいいのでしょうか。

僕も以前は海外に行って日本に帰ってくると、向こうではできていた、英語で考えて英語で書き、話すことがスムーズにできなくなっていました。

しかし、今では日本にいても、英語を使うときは、英語で考え、書き、話す「英語モード」に即座に切り替えることができます。

ひと昔前は、日本にいて「英語モード」を維持することは至難のわざでしたが、今ではインターネットの普及や豊富な英語教材のおかげで、日常的に英語モードをつくることが可能になりました。

僕の場合は、朝起きたら日本語のブログの後に、英語のツイッターを書き、朝の時間帯に一回、脳を「英語モード」にします。そして夜寝る前には、必ず英語のコ

日本にいながら、「英語モード」にする

日本にいながら「英語モード」を維持するには、
一日の始まりと終わりを「英語モード」にして、脳の英語回路をさびさせない。

メディーやお気に入りの動画を見ながら眠りにつきます。

このように、**一日の始まりと終わりを「英語モード」にすることで、脳の英語回路を定期的に働かせて、さびさせないことがポイント**です。

朝に英語でツイッターを書く習慣は一年以上、夜に英語のコメディーを見る習慣はもう七、八年は続けています。そのおかげで、日本にいても、英語が必要な場面になれば瞬時に英語モードに切り替えられるのです。

第4章のまとめ

・140字のツイッターなら、英語を書くことを習慣にできる
・自分が実際に感じていることを書くのがポイント
・なるべく同じ言葉を繰り返さず、「言い換え表現」を心がける
・英語のデータベースを増やすことで〝言葉の美人〟に近づける
・「手続き記憶」で、英語の文章のスタイルを身につける
・毎日、定期的に「英語モード」にすることで、さびさせない

第5章

日本人は特殊だという
マインドセットを捨てる

CHAPTER 5
MIND
36

「日本人は特殊」というマインドセットを捨てる

「日本人は何年も英語を勉強しているのに、なぜ英語が使えるようにならないのか」といったことがよく話題に上がります。

その原因についてはさまざまなことが言われていますが、今までお話してきたように、日本の英語教育にその一因があることは間違いないでしょう。

そもそも、日本人の外国語習得のひな形となっているのは中国語です。日本人は長い間、中国から入ってきた漢文を日本語の文章構造にあてはまるように翻訳して読むという「読《よ》み下《くだ》し」の方法で中国語を受け入れてきました。その結果、いまだに中国語の「音《おと》」は日本には全く入ってきていません。

英語の学習においても、それと似たようなことが行われてきました。英語を日本語に翻訳する形で、いわば日本語化して受け入れ、「話す」ことに重きを置かずに教育が行われてきてしまったことに、英語を「表現する能力」が伸びない最大の原因があります。学校の英語の試験に「スピーキング」が含まれていない現実にも、そのことは如実に現れています。

さらに、日本人が英語で表現することが苦手なもう一つの原因として、日本語と英語が全く違う構造を持つ言語であるため、「表現の組み立て方」や「論理の進め方」が異なることが挙げられます。

英語では、日本語にくらべてより客観的で、事実に基づいた簡潔な表現が求められます。そのため、**日本語で話すときと同じように文章を組み立てて英語を話そうとすると、非常にくどくてわかりづらい英語になってしまう**のです。

このように書くと、日本人が英語で表現するのは困難なことではないかと思われるかもしれません。しかし、そうではありません。日本人が英語を使えないのは、「英語で表現する訓練を受けてきていない」ためです。日本人が「自分たちにとって大切なこと」を英語で表現することを、文化の中で発展させてこなかった結果なのです。

ですから、例えば「日本のことを英語で話してみてください」と言われても、即座に言葉が出てきません。ですが、それは訓練を受けていないので、どう表現したらいいかわからないだけです。

それでは、どうすればいいのかと言えば、ご紹介したようにまず手始めに自分の日常を英語で表現する練習を重ねてみるといいと思います。

僕も英語でブログを書くまでは、自分の日常を英語で表現することにためらいがありました。「日本人は特殊だ」という思い込みがどこかにあり、**自分たちのことを英語で書いても外国人にはわかってもらえない**だろうという気持ちがあったからだと思います。

ところが、日本人は特殊だというマインドセット（物の見方や考え方）が英語を「話す」ことや「書く」ことの邪魔をしていたのだと気づいてからは、英語で表現することにためらいがなくなりました。

前章でも少し触れましたが、「The QUALIA JOURNAL」という英語のブログを書き始めたころは、実は東京のことを書くのにすごく抵抗がありました。「英語の世界」で東京のことを書くのはダサい気がして、いちいち注釈を付けていたのです。

例えば、Akihabara（秋葉原）と書いた後に、a famous electric town（電気街と

して有名な）とつけ加えたり、Shinjuku, where there are many skyscrapers and the Tokyo Metropolitan Office（新宿、高層ビルが多く東京都庁がある場所）などとやっていたわけです。

しかし、そのうちにハッと気づいたのです。今はインターネットの時代で、意味を知りたければグーグルで調べればよいので、注釈をつける必要はないのです。

ロンドンやニューヨークは、いわば「英語の世界」の中心になっていますから、そこに住んでいる人たちは、自分たちの生活がそのまま世界の普遍的な意味を持つような感覚で生きていることでしょう。ですから、自分たちの生活のことをブログに書くとしても、わざわざ注釈など入れないのではないかと思います。

しかし、日本人の感覚としては、自分たちの国で起こっていることは、世界の動静とは関係ない〝辺境の出来事〟だと思ってしまっているところがあるので、つい注釈を入れてしまう。また、これは僕だけではないと思いますが、〝日本語の世界〟で行われている出来事は、どこか恥ずかしいことで隠しておきたいという感覚があるので、「英語の世界」に移行するときは、それとはまったく〝別の宇宙〟に入っていく感じだったと思うのです。

ところが、「The QUALIA JOURNAL」で自分の日常を英語で書くことを続けていくうちに、日本語の世界で行われていることは、辺境の出来事などではないと思えるようになりました。

僕は**英語で表現することによって、日本が「辺境の国」に過ぎないという呪縛から解放された気がします。**そのような意味で、自分たちの日常を英語で表現するということが、日本人が呪縛から逃れるための「癒《いや》し」になるのではないかと思います。

ですから、もし仮に作家の山本周五郎《しゅうごろう》を好きで、彼が英語の世界で知られていなかったとしても、そのことを世界に向かって英語でどんどん書いてしまえばいいのです。最初はおずおずと、という感じかもしれませんが、それを続けていくうちにいつの間にか、自分の意識の中で山本周五郎がシドニー・シェルダンのような存在になっていくはずです。

自分が大事に思っていることを英語に直していくことで、自分の「日本人としての人生」と、「英語をやる」ということがつながる。つまり、**英語で山本周五郎を表**

「辺境の国」が、世界の中心になる

自分の日常を英語で表現することによって、
日本が「辺境の国」であるという呪縛から解放される。

現することで、「日本語の人生」のクオリティーを下げることなく、英語の世界に移行できるようになるのです。

このようなマインドセット（物の見方や考え方）の書き換えが今、これからの日本人にはどうしても必要だと感じます。

CHAPTER 5
MIND
37

何のために英語を勉強するのか

学生時代はかなり頑張って英語を勉強してきた人でも、学校を卒業してからは、なかなか「やる気」が起きないこともあるでしょう。このモチベーションの話は、実はとても大事なことだと思います。というのは、日本での英語を学習する環境は、われわれから「良質なモチベーションを引き出す」という点で、何か決定的に欠けているると思うからです。

例えば、野球をやっているスポーツ少年にとっては、イチローや松井のように大リーグで活躍する道があると思えることは、野球を続けていく上でもっとも良質なモチベーションになります。

しかし、残念ながら今のところ、日本人にとって「英語を学ぶ」ということが自分の人生の道筋にしっかりとつながっていかずに、妙にフワフワした感覚をおぼえるものになってしまっているのではないかと思うのです。

英語を学ぶ目的が「TOEICのスコアを上げること」になってしまい、試験対策のためのつまらない英文ばかり読んでいても、あまり意味はありません。

ご承知のとおり、TOEICのスコアが高くなっても、実践での英語力はなかなか伴いません。英検やTOEICの成績アップだけを目的にして英語を勉強しても、本当の英語力は伸びないのです。

僕はTOEICの成績よりも、英語を使って実際に「何をやるのか」、自分の人生の中で英語が「どういう意味を持つのか」ということを考える方が大事だと思います。

例えば、CNNでもニューヨーク・タイムズでも何でもいいのですが、海外のメディアでないと報道していないニュースはたくさんあります。ニュースを取り上げるときの切り口も、日本のメディアとアメリカのメディアでは全く違います。

ですから、それらを「英語で読む」こと自体が目的というよりも、**「日本では得られない情報を得るために英語を使う」というのが、一番正しい態度だと思うのです。**

僕の専門である脳科学の分野などでも、日本語で流通している脳についての情報は内容的にも、スピードの面においても、英語で書かれたものに及びません。ですから、研究者は英語で論文を読まなければどうしようもありません。そういう意味で言うと、英語は論文を読むための〝道具〟になっているのです。

また、僕は中学生のときから英語で文通をしていて、今でも南アフリカの文通相手とは、ときどきメールでやりとりをしているのですが、例えばこの「文通する」ということが、「生きた文脈で英語を使う」ことになります。英語でツイッターやブログを書くことも同じです。

要は、このようにして自分が「英語を使う」ことにより、自分の人生の中で「意味のある成長につながる」ものを見つけないと、脳は本気にならないということです。

別の言い方をすると、先ほどの山本周五郎の例のように「日本語の人生」のクオリティーを落とさずに、英語の世界に移行できるような対象《もの》を見つけて初めて、英語学習に「本気なれる」のだと思います。

CHAPTER 5 MIND 38

インパクトのある経験が、モチベーションを高める

英語学習のモチベーションを上げるために有効なもう一つの方法は、「英語をやらなければ！」と強く決意するような、インパクトのある経験をすることです。

例えば、「外国人と一時間しゃべって、英語の必要性を痛感した」「取引先の人と英語で話さなければならなかった」、あるいは「旅行先で現地の人と英語で話そうとしたが通じなかった……」といった強烈なインパクトのある出来事を経験すると、英語に対するモチベーションが上がります。

インパクトのある体験をすると、好き嫌いや快・不快の感情が大脳辺縁系《へんえんけい》の扁桃《へんとう》体《たい》から、隣にある記憶を司る器官の海馬《かいば》に伝えられます。そのため、心を大きく揺さぶるような出来事はいつまでも記憶にとどめられ、それが一つの強いモチベーションになるのです。

僕の場合は、十五歳の夏休みにカナダにホームステイしたことが「英語を勉強しなければ！」というモチベーションを上げるきっかけとなった、強くインパクトの残る経験です。生まれて初めて外国に行って、英語が話せないとは、実際にどういうことを意味するのかということを肌身で感じた体験でした。

そして長期的に英語学習を続けていくためには、モチベーションを上げるだけでなく、持続させなければなりません。

今の僕の場合、モチベーションを持続する原動力は「危機感」からきています。日本人で今、英語で本を書いて世界に発信している人はほとんどいないのが現状です。世界に向けてもっと英語で発信していかないと、日本はグローバル化していく世界から完全に取り残されてしまうのではないかという危機感が強くあるのです。

日本は自分にとって母国ですが、日本語経済圏の中にいつまでもいることは、「母離れしていない」ということだと思います。それは、自分自身にとっても日本にとっても不幸なことです。

僕にとって「母離れする」とは具体的にどういうことかと言うと、英語で本を書いて、世界に向けて自分の考えを発信していくことです。それが今の僕の英語に対する強いモチベーションになっています。

CHAPTER 5
MIND
39

英語で伝えるべき「何か」を持つ

アメリカのカリフォルニア州モントレーで始まり、現在はロングビーチで年に一回、四日間の講演会を主催する「TED」というグループがあります。

TEDとは、Technology Entertainment Design の頭文字で、この三分野——科学、

エンターテインメント、デザインを中心としたさまざまな活動の中から、優れた活動を進める人たちにプレゼンテーションの場を提供して、そのアイデアを紹介することを目的としています。

一九八四年から始まったこの講演会は、二〇〇六年からインターネット上で無料で見られるようになり、広く知られるようになりました。

講演の動画がＴＥＤのホームページ（http://www.ted.com/）に公開されていますので、リスニング学習の良質な素材としてだけでなく、プレゼンテーションの良いお手本になると思います。

講演者には、ＤＮＡの二重らせん構造を発見したジェームズ・ワトソン氏や、元アメリカ大統領のビル・クリントン氏、「ハーバード白熱教室」のマイケル・サンデル教授など、すごいメンバーが名を連ねていて、「次の時代のハーバード大学」とも言われているほどです。今やＴＥＤでの講演は、社会に対して非常に大きな影響力を持ち、多くの注目を集めています。

このＴＥＤで語られる言葉は英語です。英語の能力が欠かせないのはハーバードやケンブリッジだけではないのです。

英語は、今やそれを母国語とする人たちだけのものではありません。

英語で自分の意見を表現できることは、グローバルな社会に生きる上で、つまりグローバルな「クラブ」のメンバーになる上で不可欠ということです。

日本ではいまだに学歴信仰が残っていますが、東大卒であろうと慶応卒であろうと、英語が話せなければ、この「クラブ」の一員とは認められません。

どこの大学出身かよりも、「英語で自分の考えを表現できる、伝えられる」ことの方が重視される世の中になりつつあるのです。

そして大切なのは、ただ英語が話せればいいというのではなく、**自分が伝えたいこと、語るべきものを持っていること**です。

例えば『ハリー・ポッター』シリーズで有名な作家のJ・K・ローリングさんは、二〇〇八年のハーバード大学の卒業式で「失敗がもたらす利益と、想像力の重要性」についてスピーチをしています。

彼女はシリーズの第一作を、貧しいシングルマザーとして生活保護を受けながら執筆したのですが、「失敗がもたらした利益」とは、その失敗が不必要なものをはぎとってくれたおかげで、最も大切な小説を書くことに全てのエネルギーを注げるようになったことだと言います。

そして、想像力があるからこそ、われわれは他人とも共感できるのだということを、アムネスティ・インターナショナルで働いていたころの経験をもとに語っています。

村上春樹氏はイスラエルの文学賞「エルサレム賞」の授賞式の講演で、「もし硬く高い壁とそれにぶつかって壊れてしまう卵があったら、（いかに壁が正しく卵が間違っていようと）私は常に卵の立場に立ちます」と英語で語りました。

村上さんの英語は決して流ちょうとは言えませんが、語るべきことを持っているので、皆が耳を傾けました。

語るべきものを持っている人の言葉には、たとえ英語が完璧でなくても、人々は耳を傾けます。重要なのは、言葉の流ちょうさではなく、内容そのものにあるのだということを、彼のスピーチは再認識させてくれます。

「エルサレム賞」の授賞式で スピーチをする村上春樹さん

"Between a high, solid wall and an egg that breaks against it, I will always stand on the side of the egg."

「高くて、固い壁があり、それにぶつかって壊れる卵があるとしたら、
私は常に卵側に立ちます」

村上さんは語るべきことを持っているので、皆が耳を傾ける。彼のスピーチは、重要なのは言葉の流ちょうさではなく、内容そのものにあるということを再認識させてくれる。

2009年2月15日、イスラエルのエルサレムで開かれたエルサレム賞の授賞式で、記念講演をする村上春樹氏。
©時事

CHAPTER 5
MIND
40

僕の究極の野心

僕は現在、四十八歳なので、還暦《かんれき》まであと十二年です。

十二年という歳月を生まれてからの年数に置き換えると、ちょうど中学に入学するまでの時間に当たります。生まれてから中学に入るまでの十二年間は、ほとんどの人にとって、例えば三十歳から四十二歳までの十二年間よりも一日の内容がずっと濃い、まさに激動の年月だったのではないでしょうか。

僕は、今から六十歳までの時間をそれと同じくらい濃密な十二年間にしてやろうと考えています。そのために、生まれてから十二歳までの年月がそうであったように、今までの自分が全く経験したことのないジャンルに挑戦していきたいと思っています。

それが僕にとっては、英語で本を書くことであり、英語でインタビューをすることです。

もっと具体的に言えば、僕の将来的な目標の一つは、科学の伝道者としてＢＢＣ（イギリスの公共放送局）やＰＢＳ（アメリカの公共放送網）に出演することです。

そのために、英語をどのように鍛えているかというと、日本のテレビ番組の海外取材を積極的に利用して、外国で英語でインタビューをするなどの勉強させてもらっているのです。

そして究極の目的は、イメージとしてはリチャード・ドーキンスです。ドーキンスはイギリスの進化生物学者で、世界的なベストセラー『利己的な遺伝子』でミームという「文化を伝達する文化的遺伝子」を提唱した人です。

彼は科学的なテーマを一般の読者に向けてわかりやすく書いており、その内容はインパクトがあり、多くの人に読まれています。ドーキンスは新しい世界観を提示することで、知識人として世界的に認知されているわけです。

日本では村上春樹さんのように小説が英語に翻訳されることはあっても、英語で小説を書く人はいません。また、文化的な輸出品として漫画はありますが、日本の思想や哲学はほとんど輸出されていません。

ですから、**日本人は何を考えているのだろうと、世界の人たちが知りたがっているのです。**僕は、東京にいて日本のことを世界に発信していきたいと考えています。

発信する内容は、脳科学よりも、もっと広い分野にまたがって実際には認知科学、数学、哲学などいろいろな分野のものを全部総合的に取り込んで、新しい世界観を提示したいと思っています。

脳科学は人間の営みのほんの一部分にすぎません。脳科学で書かれている論文は寿命が短く、せいぜい十年ぐらいしか読まれません。その理由として、研究がどんどん進んでいくということもありますし、脳科学の方法論的な限界というのもあります。

イマニュエル・カントの『純粋理性批判』は一七八一年に最初に出版され、いまだに読み続けられています。それと同じように、**百年、二百年読まれるような本を英語で書きたい。それが僕の野心であり、目的です。**そして実際にその目的に向けて、すでに体が動き始めています。

まず、自分の専門分野である意識の問題、「クオリア」についてきちんと書きたいと思っています。クオリアとは簡単に言うと「主観的体験が伴う質感」のことです。

また、日本の最良の部分を世界に紹介するような本を書くという野心もあります。外国人が日本のことを書くと、どうしても日本人から見た日本とはズレが生じます。

外から評価するのではないところに良いものがあるのに、なかなかそれが伝えられない。

ですから、十八世紀最大の日本古典研究家の本居宣長《もとおりのりなが》や、戦前の日本の知性を代表する文芸評論家の小林秀雄、日本の伝統文化をこよなく愛した白洲正子《しらすまさこ》などの著作につながるテーマを英語で書きたいと思っています。

最近、明治期の美術評論家、岡倉天心《てんしん》の英語の著作『The Book of Tea』を読みました。当時の日本は西欧諸国から、科学技術も発達していない、文化もない〝二流国〟と思われていました。そのような状況で天心はこの本を書き、日本茶道の真髄《しんずい》を通して日本人の哲学や美意識を西欧に伝えました。

その時代の日本人の必死さにくらべると、僕も含めて今の日本人は、まだまだ英語に対する必死さが足りないと感じるのです。

第5章のまとめ

・世界に向けて、日本のことを英語でどんどん書く
・日本語では得られない情報を得るために、英語を使う
・インパクトのある経験が、英語を学ぶモチベーションを高める
・英語はそれを母国語とする人たちだけのものではない
・英語で伝えるべき「何か」を持つことが大事

おわりに

英語を学ぶのに遅すぎることはない

日本では、ある年齢を過ぎると外国語の習得はむずかしいといったような話をよく耳にしますが、そのようなことはありません。

僕がよく例に出すのは、フランシス・フォード・コッポラ監督によって映画化された『地獄の黙示録《もくしろく》』の原作、『闇《やみ》の奥《おく》』を書いた作家のジョセフ・コンラッドです。

コンラッドはポーランドの没落貴族の子どもとして生まれましたが、二十歳のときにイギリス船の船員になって初めて英語に出会い、三十代後半には英語で小説を発表しています。

外国語で小説を書くというのは、一般的には非常にむずかしいことです。ところが、コンラッドは『ロード・ジム』や『ノストローモ』などの作品を発表して高く評価され、イギリス文学史の中で特筆すべき大家となりました。

つまり、コンラッドは二十歳を過ぎてから英語を習って、ネイティブ以上の英語の使い手になったわけです。

コンラッドの例が示しているのは、二十歳を過ぎて英語を始めても、ネイティブ並みどころかネイティブを超える人もいるという事実です。

ある行動の学習が可能な一定期間のことを、専門用語では「臨界《りんかい》期《き》」と言いますが、このように何歳になっても語学を習得するのに遅すぎるということはありません。「臨界期の年齢を過ぎると、自然な言語能力の習得が不可能になる」というような仮説などは気にせずに、英語に取り組んでいってください。

複数の言語を使うことは、老化防止にもなります。

最近の研究で、バイリンガルの人の脳は一カ国語しか話さない人より、認知症の発症が約四年も遅いという分析結果が出ました。

その理由は今のところ不明ですが、バイリンガルの人の脳では、言葉の流暢さに関係する脳領域の灰白質《かいはくしつ》（神経細胞が密集している部分）の密度が高くなっていることが報告されています。

人生のどの段階で外国語を学習し始めたかということよりも、その言語にどれくらい習熟しているかということが、より重要な要素のようです。

ですから、「もう年齢的に語学を習得するのは遅すぎる」などと、あきらめてしまわずに、果敢に英語学習にチャレンジしていってほしいと思います。

茂木健一郎

二〇一一年三月

本書は「CNN English Express」（小社刊）2010年4月号～2011年3月号で連載された「茂木健一郎の壁を超える！英語勉強法」を大幅、加筆修正したものです。

茂木健一郎
(もぎけんいちろう)

脳科学者。ソニーコンピュータサイエンス研究所シニアリサーチャー、慶応義塾大学大学院システムデザイン・マネジメント研究科特任教授。1962年、東京生まれ。東京大学理学部、法学部卒業後、東京大学大学院理学系研究科物理学専攻課程修了。理学博士。理化学研究所、ケンブリッジ大学を経て現職。専門は脳科学、認知科学。「クオリア」(感覚の持つ質感)をキーワードとして脳と心の関係を研究するとともに、文芸評論、美術評論にも取り組んでいる。2005年、『脳と仮想』(新潮社)で、第4回小林秀雄賞を受賞。2009年、『今、ここからすべての場所へ』(筑摩書房)で第12回桑原武夫学芸賞を受賞。著作に『モギケンの英語シャワーBOX　実践版』(小社刊)ほか多数。

モギケンの
音楽を聴くように
英語を楽しもう！

2011年4月25日　初版第1刷発行

著者　茂木健一郎

発行者　原　雅久
発行所　株式会社 朝日出版社
〒101-0065　東京都千代田区西神田3-3-5
電話　03-3263-3321（代表）
http://www.asahipress.com
印刷・製本　図書印刷株式会社

ISBN4-255-00576-8
乱丁・落丁本はお取り替えいたします。

定価はカバーに表示してあります。

Printed in Japan

ブックデザイン　今井高宏（トランスモグラフ）
イラスト　コーチはじめ
写真　牧野明神
DTP　メディアアート
編集協力　石井綾子　田辺史子
野澤真一
仁藤輝夫　柏木政隆
編集　谷岡美佐子　高野夏奈